華志文化

華志文化

本書談莊子之【總看】【分看】
【析辨】【運用】【摘錄】【注釋】
詳細內容闡述盡在書內。

本書論及「《莊子》書的由來」、「條理《莊子》
書的難處及其克服」和「《莊子》書所體現思想觀
念的大要」等層面。這攸關人應世策略短長的由自
然無為轉逍遙自在，該成套方案所以可許為一種高
華理路，主要是緣於它別有洞見，足夠把人從混茫
濁世中提振上來，而精蘊密蓄這理路的，就在大家
傳誦不已的《莊子》一書。

莊子

一次看透

周慶華◎著

書內容簡介

　　典籍需要新讀，才能夠確保它們的活化，以及可以滋養我們的心靈；而新讀典籍，則有待高效率理解方法的介入，才滿足得了知識益身兼淑世的深層欲求。本書就是以一個緊要的事涉終極關懷的概念架構來掌握莊子學說，並且詳為演繹該核心觀念在現實情境中的復出意義和運用途徑等。讀者經此導覽提領，略可一次看透或有效解得《莊子》書的思路及其價值，而無礙自我再次閱讀別作體會。

作者簡介

　　周慶華，文學博士，大學教職退休。著有《語言文化學》、《走訪哲學後花園》、《閱讀社會學》、《文化治療》、《語文符號學》、《轉傳統為開新：另眼看待漢文化》、《後宗教學》、《解脫的智慧》、《跟君子有約：在全球化風險中找出路》和《酷品味：許一個有深度的哲學化人生》等七十多種。

序：逍遙人生從這裏發端

　　明末清初有個狂人叫金聖嘆，曾一再自詡古今只有他一人是大才；但在遇到前出眾作如林時，他卻又忍不住強著《莊子》、《離騷》、《史記》、《杜詩》、《水滸傳》和《西廂記》等為六大才子書，表示仍有幾許作書人跟他同列，不可一概否認一山背後還有更高的一山。由於才子書的響雷打的特大，而《莊子》也猶如被欽定般赫然在列，所以它的聲名就更不逕而走，並且有越來越受重視的傾向。

　　這一切都得追溯到先秦莊子學說的醞釀期。那時莊子學說才顯跡象，就儼然要取得對現實社會的一半發言權。它的人得從忙亂世界中抽身而純任逍遙以體道順道的一套見解，早已有先驅老子的無為觀可以局部遙對，以及甚多隱士的避世說辭能夠片面相發。雖然老子的無為觀包容度逾量到要「以德報怨」境地，嘗被孔子責斥為不合情理（《論語・憲問》）；而隱士的避世說辭內蘊「拔一毛以利天下而不為」此一極端念頭，也遭遇孟子以那純屬為我／無君乃禽獸行為相譏誚（《孟子・滕文公》）；甚至莊子本人還一度受到荀子單句「莊子蔽於天而不知人」的惡評（《荀子・解蔽》），但這都不影響莊子學說從橫空出世以來就體現了搶佔中國傳統氣化觀型文化半壁江山的進趨態勢。而這態勢還在魏晉南北朝的大混亂時代中撫慰了無數亟欲透過玄思解開生命困局者的心靈，以及被

權取為吸收外來佛教義理的一種難可割捨的格義方法（它的外物／外身／聖人用心若鏡／和是非等觀念，跟老子的有生於無／無我／損之又損等思想一併成了接受佛學的方便途徑）等，光芒閃耀。此後承繼式的闡釋學風和啟發式的對比尋繹潮汐等，也就累世不絕。

如今從新面對已經綰合莊子學說而成的《莊子》一書，我們究竟又能做什麼？顯然緬懷它的風光過去應當不是首務（如果是那樣，它勢必難以對我們再起什麼特殊的啟示或諍言作用，因為有更多外來學說在此地衝鋒陷陣了，驚悚或被凌轢程度遠超過史上任何一個時期，《莊子》書豈能僅憑它的古董性就足以迎戰），而得把它拉近置於現前情境細為斟酌它所能另啟特大濟渡益世功效的價值，才是最為切要的。因此，今人有窮盡力氣在為《莊子》書細作注釋語譯的，或者頻密強將莊子學說跟現代自由藝術精神相發明的，或者勉為記取莊子參與百家爭鳴經歷以回應東西文化交涉所該維護的思想多元格局的，這些就都還「尚差一間」。畢竟典籍再生欲求總得擺在優先順序，所有的理解探索行動才知所前進的方向；而上述那一濟渡益世的終極性期待，無處就成了此波新讀《莊子》書最不可或缺要有的心理擔負。

本來閱讀《莊子》書是有些許艱鉅的。正如李商隱〈錦瑟〉詩中說的「莊生曉夢迷蝴蝶」，而我們迷莊生；但蝴蝶無端來使人物化，莊生的歷史身影也縹緲如雲霓，二者

都已成謎。後世解謎者各有餘音紹響，卻又一人一把號，吹得謎絮紛飛，亂作一團迷霧！現在我試著以一個緊要的事涉終極關懷的概念架構來掌握莊子學說，並且詳為演繹該核心觀念在現實情境中的復出意義和運用途徑等。讀者經此導覽提領，略可一次看透或有效解得《莊子》書的思路及其價值，而無礙自我再次閱讀別作體會。也就是說，經由此事涉終極關懷的概念架構，可以很快且有效的理出莊子學說乃以「道」為終極信仰，而將「個體困窘」視作終極關懷的對象；當中的終極真實則是「分別心和名利欲」，而許以「逍遙境界」為終極目標，並把「心齋和坐忘」攬作終極承諾。根據這成套的思想觀念，將它應驗在自我益身上，則不啻最能深得逍遙調適的樂趣；而發為言行對治當今已被西方創造觀型文化興作資本主義和殖民主義所遺留舉世的災難和禍害，也因為己方有特能諧和自然經驗可以最顯力道。這麼一來，大約就稱得上是對新讀《莊子》書的一種完美的解會了。

　　事實上，《莊子》書中外雜篇多摻雜老子「為道日損」的消極觀念，或者明顯有叢脞不類內篇思路的，這些都得暫時加以剔除，才有上述概念架構可以順利運作的空間。而說實在的，依照較有一貫理則的內篇所示，那一「至人無己，神人無功，聖人無名」等具體的修煉進程，它的先成就至人／神人／聖人德業而後轉為無己／無功／無名全然看淡去執，無疑可以開啟一個道地逍遙的人生，是相

當積極且絢美的（大有別於先驅老子還停留在一味損抑作法階段）。以至就個人的受用來說，到底要怎樣引為自處的借鏡，這裏則不妨權作個比喻（至於要進一步濟渡益世部分大家就勉為踐履了）：人要像樹木保有旺盛的生命力不斷成長；而在此過程中又能跟周遭環境維持良好的和諧關係，風來雨來跟它們搏感情，蝴蝶飛鳥趨近跟牠們逗趣，人到給他們乘涼。如此則活得坦蕩自在，人生可以不必愧憾！

周慶華

目　次

【總看】
一、莊子其人其事

先秦思想家中擅長說故事的，莫過於莊子。他每有吐屬，無不珠玉累串或如丸走盤，令人驚詫不置！這樣口舌粲若蓮花的人，理應是最接近羣眾而能贏得許多粉絲追隨的。但情況卻又不然！他在世時已鮮為人知（跟班弟子恐怕也寥若晨星），死後又多被別家搶走風采而沈闇不白；直到幾經時代更迭，遇著魏晉亂世，才有人從新發掘他的著作而讓他揚名天下。

雖然莊子已因他的學說得令而廣為世人所知，但有關他的來歷依然迷離惝恍，折煞不少想要一窺他身世究竟的人。不信且看司馬遷《史記·老子韓非列傳》的記載：

> 莊子者，蒙人也，名周。周嘗為蒙漆園吏，與梁惠王、齊宣王同時。

其學無所不闚，然其要本歸於老子
之言。故其著書十餘萬言，大抵率
寓言也。作〈漁父〉、〈盜跖〉、〈胠
篋〉，以詆訿孔子之徒，以明老子之
術。畏累虛、亢桑子之屬，皆空語
無事實。然善屬書離辭，指事類情，
用剽剝儒墨，雖當世宿學不能自解
免也。其言洸洋自恣以適己，故自
王公大人不能器之。楚威王聞莊周
賢，使使厚幣迎之，許以為相。莊
周笑謂楚使者曰：「千金，重利；卿
相，尊位也。子獨不見郊祀之犧牛
乎？養食之數歲，衣以文繡，以入
大廟。當是之時，雖欲為孤豚（犢），
豈可得乎？子亟去，無汙我。我寧
遊戲汙瀆之中自快，無為有國者所
羈，終身不仕，以快吾志焉！」[1]

這是最早為莊子立傳的文獻（時序也已相
隔了數百年），卻也只有二百多字。倘若扣

除從「其學無所不闚」到「故自王公大人不能器之」這儘是作傳人的評論，以及從「楚威王聞莊周賢」到「以快吾意焉」這鎔裁取自現成《莊子》書中〈秋水〉和〈列禦寇〉等篇或許也屬寓言的材料（未必確有其事），實際上這篇附傳涉及莊子生平事蹟的僅存開頭「莊子者，蒙人也，名周。周嘗為蒙漆園吏，與梁惠王、齊宣王同時」那短短二十四個字。裏頭所包括的名姓、里籍、時代和職業等信息，就常人來說也無不具備，實在不足以凸顯莊子這位不世出思想家的特性，可見莊子是個「謎樣的人物」已成定局。至於後人有考證出他字子休或子沐或子莫、甚至研判他就是楊朱，以及相互爭論蒙地究竟屬宋或屬魏或屬楚等，那已是枝微末節，根本改變不了大家對他的認知。

這種認知，嚴格的說隱著摻雜相當程度的疑慮：一個沒有特殊家世背景，且幹才只夠備位地方小縣的胥吏，居然有辦法

說出一大套可以跟其他思想家相抗衡的超卓道理，難道他是天才降世而連師承、啟蒙或家教全都免了？確實叫人大惑不解呵！很明顯在此地我們必須為他保留一個宿慧案例，才能稍微釋懷而將精力集中用來理解他所遺留的深奧學說。

　　縱是如此，以書中所敘故事也多有莊子本人扮飾主角的情況來看，他生平的行事跟自己所發揮的道理似乎還印證不密，以至此中仍有我們另尋解悟或別為致思的空間。這首先有他的坦承不及可作前導：「芴漠無形，變化無常，死與生與，天地並與，神明往與！芒乎何之，忽乎何適，萬物畢羅，莫足以歸，古之道術有在於是者。莊周聞其風而說之……雖然，其應於化而解於物也，其理不竭，其來不蛻，芒乎昧乎，未之盡者。」[2] 這段自述不克盡應化解物的話語，見於被視為《莊子》書後序的〈天下〉篇，我們很難當它是客套話，畢竟另有一段故事也著實述及類似的虧欠

：

> 莊子行於山中，見大木枝葉盛茂，
> 伐木者止其旁而不取也。問其故。
> 曰：「無所可用。」莊子曰：「此木
> 以不材得終其天年。」夫子出於山，
> 舍於故人之家。故人喜，命豎子殺
> 雁而烹之。豎子請曰：「其一能鳴，
> 其一不能鳴，請奚殺？」主人曰：
> 「殺不能鳴者。」明日，弟子問於
> 莊子曰：「昨日山中之木，以不材得
> 終其天年；今主人之雁，以不材死。
> 先生將何處？」莊子笑曰：「周將處
> 夫材與不材之間。材與不材之間，
> 似之而非也，故未免乎累。若夫乘
> 道德而浮游則不然……[3]

這底下在說的就是「物物而不物於物」才
可徹底無累的道理，只不過莊子自己還做
不到罷了。這不啻顯示了從出論到實踐尚

有距離存在，那我們作為接受者又該怎樣
看待這整套思想？其次依書中所著錄一些
事件在莊子自行擔綱演出上，的確也有自
相矛盾或見地未臻上境的情況。前者（指
自相矛盾的情況），如：

莊周家貧，故往貸粟於監河侯。監
河侯曰：「諾。我將得邑金，將貸子
三百金，可乎？」莊周忿然作色曰：
「周昨來，有中道而呼者。周顧視
車轍中，有鮒魚焉⋯⋯鮒魚忿然作
色曰：『吾失我常與，我無所處。吾
得斗升之水然活耳，君乃此言，曾
不如早索我於枯魚之肆！』」[4]

莊子釣於濮水，楚王使大夫二人往
先焉，曰：「願以境內累矣！」莊子
持竿不顧⋯⋯莊子曰：「往矣！吾將
曳尾於塗中。」[5]

既難以忍受飢餓而向一國君貸粟又拒絕另一國君厚祿聘任，前後行徑豈不是大相背反？這教旁人到底要認可他那一種作為？後者（指見地未臻上境的情況），如：

> 莊子妻死，惠子弔之，莊子則方箕踞鼓盆而歌。惠子曰：「與人居，長子老身，死不哭亦足矣，又鼓盆而歌，不亦甚乎！」莊子曰：「不然，是其始死也，我獨何能無概然……自以為不通乎命，故止也。」[6]

> 莊子將死，弟子欲厚葬之。莊子曰：「吾以天地為棺槨，以日月為連璧，星辰為珠璣，萬物為齎送。吾葬具豈不備邪？何以加此！」[7]

遇妻死以歡唱代悲哭和對自己將亡議以薄斂替厚葬，無不是離絕一端又陷落另一端，終究沒有超脫出來，這又能帶給旁人什麼

樣的好啟示？再次從部分寓言故事內莊子本人充當角色所連帶出現的議論，多少也可直接覷見那裏面仍有罅隙亟待填補，如：

> 昔者莊周夢為胡蝶，栩栩然胡蝶也，自喻適志與，不知周也。俄然覺，則蘧蘧然周也。不知周之夢為胡蝶與，胡蝶之夢為周與？周與胡蝶，則必有分矣，此之謂物化。[8]

> 莊子與惠子遊於濠梁之上。莊子曰：「儵魚出游從容，是魚之樂也。」惠子曰：「子非魚，安知魚之樂？」……莊子曰：「請循其本。子曰『汝安知魚樂』云者，既已知吾知之而問我，我知之濠上也。」[9]

這都是為印證齊物（物類相泯）以便脫困的道理，但一將胡蝶主體化一將儵魚客體化卻又把議題引入區分彼我的泥淖，從此

昇華無方。如此一來，所有相關的設論豈不白費心機而徒然留給旁人難以體驗玄妙境界的憾恨？

面對上述這許多有意無意逸軌的言說，我們原也可直斥為無稽而逕予形同悖論般看待，但這樣我們很可能會喪失一種深入探究知識的能力，而一併影響到往後應世策略的難以順適產出。換句話說，如果在這悖論的背後還有高華理路尚未尋繹，那麼該一斷然阻絕就是自我延誤晉級頂峯的盲目行為，到頭來吃虧的還是自己。這究竟要怎麼因應？我個人的想法是這樣的：莊子所極力演繹的從自然無為進益到逍遙自在此一成套方案，已是千古絕唱，在心理上無妨理想高懸而予人不盡追慕仿效。至於偶有踐履不及（不限那一方），也不必急著從別人的譏誚聲中退卻，因為只要那理想企及可望，所有半途的挫頓蕩軼都可反向當它是對自我信心和毅力的考驗。因此，不論是發論者還是受論者，一概

可以暫時拋開過程可能的外人譖言加被，而好好來貞定維護那世所罕見的高華理路。

二、《莊子》書的由來

這攸關人應世策略短長的由自然無為轉逍遙自在該成套方案所以可許為一種高華理路，主要是緣於它別有洞見，足夠把人從混茫濁世中提振上來；而精蘊密蓄這理路的，就在大家傳誦不已的《莊子》一書。

此書最先著錄於班固《漢書·藝文志》[10]，內裏雖然將莊子列為撰述人，但依慣例凡是書名稱子的都非本人所題，而是時人或後人裒集相關文章成編後冠上的。這樣該實質的著作權，就有了刻意混入或無心羼和以及張冠李戴等問題產生的空間。我們看先秦所遺留的私人著作都難免有這類現象，《莊子》一書自然也不例外要比照看

待。

　　首先是書的篇幅部分。前面引《史記‧老子韓非列傳》說莊子「著書十餘萬言」，那應該是根據當時所見版本推斷的(《漢書‧藝文志》著錄的有五十二篇，當合那麼多字)，事實上莊子到底寫了多少文章已經無從考得；倘若再把今所傳晉郭象注本共十卷三十三篇七萬多字以及後代史志所著錄卷數不一（從十餘卷到四十卷都有）等合著看，當知古來《莊子》一書頗有遭遇眾人任意增刪的命運，以至想回到莊子的時代來確定成編狀況就更渺不可得了。

　　其次是書的所屬部分。由於《莊子》書在傳抄刊刻過程中篇幅始終有伸縮現象，並且經由個別閱讀發現前後理路也不盡一致，所以有關《莊子》一書的所屬就不免要令人起疑。當中除了〈逍遙遊〉、〈齊物論〉、〈養生主〉、〈人世間〉、〈德充符〉、〈大宗師〉和〈應帝王〉等篇章被今傳本歸入內篇而相傳比較有可能是莊子原著外

，其餘外雜篇眾文就常遭受好事者從體裁
、思路和修辭等層面加以比對而判定或推
測是時人、弟子及後學所作廁入的。這類
考證縱使「事出有因」，但也稍嫌黏著終究
是「查無實據」，畢竟要連那內七篇是否為
有個名叫莊周的人所作一起懷疑，在理論
上也不是說不過去。以至改變看待方式，
就寧可當莊子乃是一個學派的代表，而所
成編的《莊子》書則為該學派的集體創作
成果；至於莊子本人到底寫了那些篇章，
那就依上面所說的已經無從查考而予以擱
置不提。

再次是書的真偽部分。從唐宋以來就
陸續有人揪舉《莊子》書中摻雜闃奕、意
脩、危言、游鳧等奇巧異說，以及類如〈讓
王〉、〈盜跖〉、〈說劍〉、〈漁父〉諸篇淺陋
不入道或其他外雜篇各文多有老子思想相
羼偏致（詳見陸德明《經典釋文》、蘇軾《蘇
軾文集》、姚際恆《古今偽書考》、王先謙
《莊子集解》、錢穆《莊子纂箋》和羅根澤

《諸子考索》等）[11]。這看似「言之鑿鑿」，頗有要翻案而一掃舊說的態勢，其實那也不過是「以意度之」而已，真要辨偽恐怕還早得很！因為「文本互涉」或「指意連鎖」這類為當代後結構主義學家所指陳的現象時常可見，我們大可不必潔癖過甚硬將那些或可作為旁證的異說淺論排除出去。也就是說，《莊子》書的真偽判別權在讀者的汲引考量，毋須回返原書去斷斷爭辯所涉理路的孰是孰非；一旦你有需要藉為後設論說逞能，那些篇章就都是真的，否則就都是假的或不真不假。

經過這一番分辨，似乎全解決了上述幾個問題（《莊子》書遭刻意混入或無心羼和問題已在談書的所屬部分處理，而被張冠李戴問題也在談書的真偽部分澄清；至於置前先行衍釋的書的篇幅部分，所涉及甄選簡別歷程的問題性，仍在上二項管轄下），實際上並不盡然，畢竟尚有一個更顯重要的老莊學說異同的影響課題還沒董理

。這關係著莊子學說能否獨樹一幟的成敗運命，也決定著《莊子》書要如此成編的不二版圖歸屬，不可輕易放過（如果只當它為老子學說的餘絮，那莊子學說不啻是人家的附庸，又何必凸出以為見巧呢）！

好比前引《史記・老子韓非列傳》所述及莊子立論「**其要本歸於老子之言**」，這句話就概括太過，沒有給莊子思想的超卓面留餘地。雖然它也指出「**然善屬書離辭，指事類情，用剽剝儒墨，雖當世宿學，不能自解免也**」，但有關莊子學說的實質「**後出轉精**」一事卻不知或未能多贊一詞，這就不能不致以慨嘆了！因為就書中所示略有老子「自然無為」思想的習取部分，可以判定它有歸本的傾向；至如另有新穎且多鋪展的力求「逍遙自在」觀念，則得歸給莊子，那是他的孤明先發，古來還沒有一家義理可以跟它併肩。

姑且以老子的原說法來作對比：老子有見於天地間存在著陰陽二氣，而斷定萬

物乃陰陽二氣所化生（交感或融合而育成）
；至於該化生過程則人無所察覺而在自然
中進行，因此將此化生過程稱為道。所謂
「道生一，一生二，二生三，三生萬物。
萬物負陰而抱陽，沖氣以為和」[12]，就是在
說明這一化生物由單一至多重逐漸繁複的
情況。由於包括人在內的萬物都是因自然
氣化而有，以至人得返身想及順從此一形
勢而無所作為乃是最上智慧的表現：

　　天下皆知美之為美，斯惡已。皆知
　　善之為善，斯不善已。故有無相生，
　　難易相成，長短相較，高下相傾，
　　音聲相和，前後相隨。是以聖人處
　　無為之事，行不言之教。萬物作焉
　　而不辭，生而不有。為而不恃，功
　　成而弗居。夫唯弗居，是以不去。
　　[13]

這是就整體來說，如果是個人則會因「五

色令人目盲；五音令人耳聾；五味令人口爽；馳騁畋獵，令人心發狂；難得之貨，令人行妨」導致「禍莫大於不知足；咎莫大於欲得」而得引以為戒。推擴開來，勢必要做到「常使民無知無欲，使夫智者不敢為也」、「小國寡民……使民復結繩而用之……鄰國相望，雞犬之聲相聞，民至老死不相往來」這一絕聖棄智／絕仁棄義／絕巧棄利[14]等全面無為的地步。顯然這是用減法在匡扶世道，結果很可能是境未成而人心已愈形慌亂，以至於貪暴酷虐風氣更起而無從善後。

　　反觀莊子則不然！他知道消極的自然無為要轉為積極的逍遙自在，才可以一併解決世道人心的浮沈問題。也就是說，莊子固然也順從自然氣化萬物觀念，但他所想到的卻不是隨勢把自己消減到智慮才為點滴不剩，而是致力於成就至人／神人／聖人後再超脫出來，以無己／無功／無名的徹底逍遙姿態面世[15]。由此或因「為

善無近名，為惡無近刑。緣督以為經，可以保身，可以全生，可以養親，可以盡年」，或因「無譽無訾，一龍一蛇，與時俱化，而無肯專為；一上一下，以和為量，浮游乎萬物之祖；物物而不物於物，則胡可得而累邪」，終而「獨與天地精神往來而不傲倪於萬物，不譴是非，以與世俗處⋯⋯上與造物者遊，而下與外死生無終始者為友」，終而「安時而處順，哀樂不能入」[16] 有再大的倒懸也自解了。

可見莊子所發逍遙一理，已不是老子崇尚的無為淺說所能準繩，它自有質諸天地鬼神而不謬惑的勝義在。倘若真要說道家學說有什麼體制確然或宏大規模的話，那麼它就得到了莊子才予以建置完成，在老子那裏還屬於奠基或初胚階段，二者早已是「青出於藍更勝於藍」的競合關係。從此《莊子》書的由來，理當將它歸諸莊子一學派的自鑄偉貌而不必再假借前人的福蔭！

三、條理《莊子》書的難處及其克服

　　破解了「莊子其人其事」，也明白了「《莊子》書的由來」，接著要實際掌握《莊子》一書的義理前還會遇到一個「條理《莊子》書的難處及其克服」問題。這個問題的前半幾乎是盡人所不能免（再高明的讀者也難保可以完全上手）；至於後半，則是定然要有的過場期待，任何喜好者都必須想方設法把該難處化解，才有可能趨入或直搗莊子學說的核心。而這在我作為一名新的導覽者，自當先示範展演解決此一問題的願力和實力；否則出現了論說上的「邏輯斷裂」憾事，是無由企求大家給予原諒的。

　　以現行《莊子》書所呈顯的文本狀況，我們立即可以感知的是它存在著辭語古奧、僻字夾纏和通段倒置錯落等會阻礙閱讀取則的非尋常現象；而在略事翻檢後又將發現它內含的後設論說留有自我否定和不

盡合轍等疑慮未曾消除，這些都得由上述
的問題予以包裹，並勉為找出解方。而這
可依字句義逾常條理的難處及其克服、後
設論說事涉自我否定條理的難處及其克服
和後設論說事涉不盡合轍條理的難處及其
克服等定項設例，來試作發微解答。

　　首先是字句義逾常條理的難處及其
克服。《莊子》一書如南方楚辭和漢人賦作
等，字詞選組好古習僻，儼然是在炫學。
如「及至聖人，蹩躠為仁，踶跂為義，而
天下始疑矣；澶漫為樂，摘僻為禮，而天
下始分矣」和「而獨不聞之翏翏乎？山林
之畏佳……似枅，似圈，似臼，似洼者，
似汙者；激者，謞者，叱者，吸者，叫者，
譹者，宎者，咬者，前者唱于而隨者唱喁」
[17]等，彷彿《字說》、《爾雅》一類的字辭
書，徒教人眼澀不開！此外，又有未知何
故通段命義或不察倒置錯落的，如「縵者，
窖者，密者。小恐惴惴，大恐縵縵。其發
若機栝，其司是非之謂也」、「聽止於耳，

心止於符」和「吾猶守而告之，參日而後
能外天下」[18] 等，就看到緩／慢、司／伺
通叚，以及「聽止於耳」為「耳止於聽」
的倒置和「吾猶守而告之」錯落末三字「吾
守之」等，都會增加讀者認知負擔。面對
這種情況，仰賴注釋家的考索釋繹成果無
慮是最便捷途徑（可參見水渭松《新譯莊
子本義》、黃錦鋐《新譯莊子讀本》和陳鼓
應《莊子今註今譯》等）[19]，但當那些考索
釋繹又各有說詞時卻又會反向平添困擾，
不如權宜「放它過去」。換句話說，凡是不
關大要的字句義逾常現象，不妨任由它如
數存在；否則泥在其中已被細節所拘限，
又如何能放開去玩味文脈而獲取所要的義
理？所以要採用這種取巧辦法，實在有著
古今行文差距難彌的無可奈何心情隱藏在
後，只有這般自我寬待才稍微可以減輕相
對隔閡壓迫的壓力。

　　其次是後設論說事涉自我否定條理
的難處及其克服。《莊子》書夾帶有一些針

對言語功能而發的後設論說（第二層次論
說），跟其他逕直以為說理的對象論說（第
一層次論說）明顯不在同一層次，可以看
成是隱藏性的自我表白。這種表白會激發
人亟想一探作者的說詞是否前後一致或表
裏如一，結果卻不大樂觀。如「世之所貴
道者書也，書不過語，語有貴也。語之所
貴者意也，意有所隨。意之所隨者，不可
以言傳也，而世因貴言傳書。世雖貴之哉，
我猶不足貴也，為其貴非其貴也」和「可
以言論者，物之粗也。可以意致者，物之
精也。言之所不能論，意之所不能察致者，
不期精粗焉」[20]等，這就分別在說明「意
在言外」或「言不盡意」的道理。這樣我
們不禁要追問：「那麼《莊子》各篇章又有
那些未盡的意或在言外的意？」恐怕沒有
人能夠給出答案。尤其是它又自構了一個
鮮活的寓言故事在暗示該一言意的緊張關
係：

桓公讀書於堂上。輪扁斲輪於堂下，釋椎鑿而上，問桓公曰：「敢問公之所讀者何言邪？」公曰：「聖人之言也。」曰：「聖人在乎？」公曰：「已死矣。」曰：「然則君之所讀者，古人之糟魄（粕）已夫！」桓公曰：「寡人讀書，輪人安得議乎？有說則可，無說則死。」輪扁曰：「臣也以臣之事視之。斲輪，徐則甘而不固，疾則苦而不入。不徐不疾，得之於手而應於心，口不能言，有數存焉於其間。臣不能以喻臣之子，臣之子亦不能受之於臣，是以行年七十而老斲輪。古之人與其不可傳也死矣，然則君之所讀者古人之糟魄已夫！」[21]

這從來沒有人把它連結到《莊子》本身而反詰書中各篇章也不過是一堆糟粕罷了（菁華全不在裏面）！顯然這一形同是在

自我否定的後設論說不僅會危及《莊子》書傳意的地位，也會衝擊到我們讀者認可習取上的信心，不能不先有因應對策。關於這一點，可採擇的權宜辦法約略是：我們可以承認《莊子》書有不盡說出的部分，但那也已經無從察考，不妨就以所說出的部分為著眼點，將那直接傳達的義理加以妥善安置（詳後各章次），以不辜負此一仍屬罕見的曠世奇著。

再次是後設論說事涉不盡合轍條理的難處及其克服。《莊子》書還有一個自道寫作策略的後設論說，也就是大多出以寓言體而不直白說理：「寓言十九，重言十七，巵言日出，和以天倪。」[22] 這是說全書體例寓言佔了十分之九；而寓言中借重前人的言論又佔了十分之七；至於談說方式則如注酒器般隨順流出而不設限（日新不已且契合天然）。所以要如此搬演，原因就在設想純是自己立論恐怕讀者不相信（當時莊子還沒什麼名氣）：「寓言十九，藉外論

之。親父不為其子媒。親父譽之,不若非其父者也。非吾罪也,人之罪也……重言十七,所以已言也,是為耆艾……巵言日出,和以天倪,因以曼衍,所以窮年。」[23] 當中重言和巵言,都已被寓言所包裹,以至但存寓言一項理由為《莊子》書所特重。只不過寓言向來以寄寓勸導或諷喻義為專擅,相關的事件譬喻從起源域(喻依)到目標域(喻旨)得有確指性,才不致喪失它被領會無誤的作用,但這在《莊子》書卻常因遷就過度而反使目標域隱晦不明。好比下列二則寓言所顯示的:

> 惠子相梁,莊子往見之。或謂惠子曰:「莊子來,欲代子相。」於是惠子恐,搜於國中三日三夜。莊子往見之,曰:「南方有鳥,其名為鵷鶵,子知之乎?夫鵷鶵,發於南海而飛於北海,非梧桐不止,非練實不食,非醴泉不飲。於是鴟得腐鼠,鵷鶵

過之，仰而視之曰：『嚇！』今子欲
以子之梁國而嚇我邪？」[24]

莊子衣大布而補之，正廖係履而過
魏王。魏王曰：「何先生之憊邪？」
莊子曰：「貧也，非憊也。士有道德
不能行，憊也；衣敝履穿，貧也，
非憊也。此所謂非遭時也……今處
昏上亂相之間，而欲無憊，奚可得
邪？此比干之見剖心徵也夫！」[25]

《莊子》書一向力主無待式的逍遙自在，
但在這裏莊子本人的演出倒像還深陷塵網
而不能自拔。換句話說，寓言中的莊子所
以往見惠施和魏王，無不先存謀差事心理
而後遇羞辱才改變出以調侃諷喻口吻，這
已經讓它的目標域沾染上有待式的庸常氣
息而沒得純粹化（反向不忮不求才是正途）
，終究會讓先前要借重寓言表意的後設論
說流於無謂。類似這種不盡合轍的情況所

在多有（前節也略有過舉證），究竟該怎麼善後？這大概要回到寓言借事寓意的譬喻性來找尋解方：就是譬喻本身的價值未必得在目標域有所確指上顯現，只要它能指出一個可信從的方向，就足夠為它稱道（否則苛求太過會降低寓言故事的構設率）。正如上述的例子，他們都已暗含那反向無待的道理，所以價值就自然挺立了（也就是倘若沒有它們內裏主人翁的「錯誤示範」，我們又如何能知曉或悟及有這個「不忮不求才是正途」的道理呢）。依此類推，所有表面通不過自我後設論說檢驗的案例，都無妨比照這一處理方式去應變，而將剩餘的力氣全用來求索書裏早已密布的皇皇理路。

　　條理《莊子》書所見的諸多難處及其克服方式所以是上述這般模樣，除了閱讀自身必須要有積極性的策略演示（才稱得上善於閱讀），主要是為因應《莊子》這一「以謬悠之說，荒唐之言，無端崖之辭，

時恣縱而不儻，不以觭見之也……其書雖瓌瑋而連犿無傷也，其辭雖參差而諔詭可觀」26充滿奇炫佻蕩色彩的言談而不得不如此。書中有所謂「言無言，終身言，未嘗不言；終身不言，未嘗不言。有自也而可，有自也而不可；有自也而然，有自也而不然。惡乎然？然於然。惡乎不然？不然於不然。惡乎可？可於可。惡乎不可？不可於不可。物固有所然，物固有所可。無物不然，無物不可」27，這麼饒口的一長串話背後，不就暗示著橫說豎說都對或正說反說全是？只要你懂得「筌者所以在魚，得魚而忘筌；蹄者所以在兔，得兔而忘蹄；言者所以在意，得意而忘言。吾安得忘言之人而與之言哉」28這樁道理，也就不會被眼前諸般有違歷史經驗的景象所迷惑困住了。

四、《莊子》書所體現思想觀念的大要

把存在《莊子》書中的一些難題予以化解後，接續就可以比較順當來耙梳探求裏頭精蘊的思想觀念。前面提及《史記·老子韓非列傳》說到莊子「作〈漁父〉、〈盜跖〉、〈胠篋〉，以詆訿孔子之徒，以明老子之術……然善屬書離辭，指事類情，用剽剝儒墨，雖當世宿學，不能自解免也。其言洸洋自恣以適己，故自王公大人不能器之」，這所見詆訿孔子是事實，闡明老子學術則非真切；而繼後指出的莊子言說洸洋自恣，致使王公大人跟不上而排斥他，乃一針見血的道著莊子才高不見容於世的歹運形象。也正因為莊子首發了那超卓而未被時流所賞識的不世出言論，才迫得我們這些後學亟於設法找出該前因後果而給予學說本身重作價值的估定。

這一估定，勢必是從《莊子》書所體

現整套思想觀念入手，然後再取得適切的判別標準加以評斷。而這在比較有效的董理方式上，則莫過於採行一個概念架構來收攝書中的材料（畢竟仿效一般學者細為條陳繹解只是同語反覆並無多大意思），以便可以在短時間內掌握到該書義理的菁華大要。至於底下所要實際鋪展的概念架構，則是立基在思想家演示義理並非出於譫妄囈語而是有所困勉對應現實處境才發動的此一前提；否則如果是隨機流露而獨拈這個概念架構就變成強作解人（一般人僅從字面看，可能會覺得《莊子》書如蜻蜓點水沒有首尾。這自然不大可能認真看待《莊子》書而肯以什麼嚴肅的概念架構相衡量。但情況卻不是這樣，《莊子》書無不理路井然有序，而運用一個能發揮實效功用的概念架構來容受它，更可以看出該書各篇章所流露思想觀念集聚的有機性）。

現在就從所選用概念架構的生成談起。這個概念架構的初發凡人是當代學者

傅偉勳，他從神學家田立克（Paul Tillich）
《信仰的原動力》書內首列「終極關懷」
一詞取例，而後繁衍出以終極關懷／終極
真實／終極目標／終極承諾等四項相關連
的要素作為宗教成立的條件，並展開對大
乘佛教一系列的依義解文的行動[29]。這一
概念架構自是很能夠藉來梳理包括類宗教
如儒道在內的信仰系統，只是少列最優先
對終極實體的信仰一項以及在界義且讓它
們互相呼應上略欠綿密性，使得此地要稍
作改造才方便據以為指稱或敘述。

　　具體的作法是這樣的：將人理智的認
同行為「信仰」一事，推及終極性的實體
（實在）而形成終極信仰的事實；然後所
信仰的實體對象又得有終極性的關懷來保
證它的必要存在。這終極關懷因此可以構
成一個立體的存在體系，也就是由終極關
懷而引出構成此一終極關懷的真實和所要
追求的目標以及為達到目標而有的承諾。
如果把終極關懷當作對象性的存在，那麼

從終極真實到終極目標到終極承諾就是實踐性的存在。而在這裏也得援例以終極關懷提稱來代表該對象性和實踐性的存在，主要是為了終極關懷本身難以自存，必須有終極真實保證它的成立、有終極目標指引它的出路，以及有終極承諾推動它的進程，彼此構成一個關係緊密的存在體[30]。這樣將終極信仰／終極關懷／終極真實／終極目標／終極承諾等名目加以抽離所布列的概念架構，就實質帶著它有機性等待在相關論說中發揮指稱、分辨和評比等功能。

當中終極信仰的實體對象，通常都以西方一神教為準的，特指那高高在上的位格神。這自是忽略了還有不以位格神為對象的其他信仰的存在，理當不宜再讓它的限義影響或阻絕我們別作探討。也就是說，終極實體不僅能造物的上帝可以充當，還有印度佛教所開啟顯示的絕對寂靜境界和中國傳統儒道所掀揭發露的自然氣化過程

等也無不能夠應數。此外，有關信仰的質性，在表面上它都是由情感強烈激盪發生的堅定信念而全然抗拒任何懷疑的困擾（有些人藉著這種欲力會幾近宗教狂熱地依附自己所相信的人或事，如現代人對科學、各種主義、甚至明星偶像的迎合崇拜等就是）。這當然不足以體現信仰的實際情況，因為對人來說如果不了解一個對象他也不可能相信它。而就緣於這項理由，信仰也得被看成如上面所述共屬於理智的認同行為。換句話說，信仰得排除盲目的崇拜而予以一種確是「堅定信念」的稱號，始能為它排上相關的議程。這毋寧是有效的辨別，也是合理的意義賦予。而這在本脈絡所依需立名的，自然也不例外。

　　此一最為優位的對終極實體的信仰（已如上面簡稱為終極信仰），在沒有更好的前提可以用來解釋人為創發物「文化」的生成前，它無疑就是不作他想的至上根源。而在成了文化生成的根源後，它也逐

漸演為宗教（不論是制度性的宗教還是非制度性的宗教）所以能夠建立的依據，彼此在表顯關係上就有一定的先後順序。如圖所示：

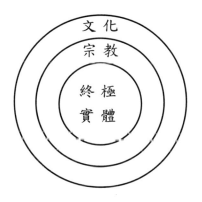

圖中的宗教成立後所內蘊的終極實體信仰會衍發文化的各個層次，固然不可言喻，但文化的各個層次在發展過程中也會對宗教的組織形式有所激勵或促進，而造成宗教和文化在相當程度上會有相互影響的事實。這時為了更貼切表達彼此的關係，就

可以將上圖作點更改：

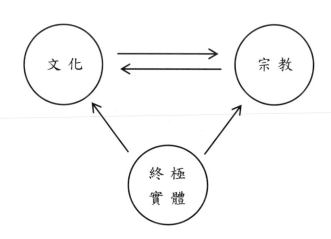

更改後的關係圖，暗示了一個對文化有使命感的人，只要保有終極實體信仰（而不必進入任何教派受多餘的制約），一樣能夠參與創發文化的行列。換句話說，在精取上只要有終極實體信仰的存在（不一定要建立宗教形制），就有可能造成文化的事實；而我們也可以越過宗教形制，僅憑對終極實體的信仰而參與文化的締造和發展的

行列。[31]

　　莊子學說就是這樣絕去或違離宗教神秘經驗而獨自塑形的，它在參與文化的創建上已經分衍了中國傳統氣化觀型文化的半壁江山（詳後相關章次），往後還可寄望它發揮更多的作用。而這回到學說本身，自當發現它所關懷的是緣純任自然一路而來的個體的困窘（不自在），跟儒家孔孟學說所關懷的是緣重視人倫一路而來的倫常的敗壞（社會不安定）互不相侔。它先由道家的前行者老子發端而後靠莊子總收且更洞見開新，終於底定為人間世誘引了個己的分別心和名利欲乃夢魘一場必要去除。而經過對困窘的終極關懷以及對分別心和名利欲此一終極真實的認知後，接下來所要追求的終極目標就在沒了分別心和名利欲的逍遙境界。至如為了達到逍遙境界所該有的終極承諾，依《莊子》書所示最重要且最有可能去除分別心／名利欲的就是心齋（虛而待物）和坐忘（離形去知）。

上述這一切都呼應著對道的終極信仰，彼此通貫有如迴環，著實自成一套裝專屬的思想觀念。表列則是：

《莊子》書所體現思想觀念的大要

終極信仰	道
終極關懷	個體困窘
終極真實	分別心和名利欲
終極目標	逍遙境界
終極承諾	心齋和坐忘

表中終極信仰道，如前面所說乃指自然氣化過程，儒家同屬（只是因應途徑有別，詳後相關章次），道家前行者老子也無異表（但嫌應對策略過於消極，見前）。這將併連其他幾項一起在後面【分看】中詳為舉證闡述，此地就暫不細按。

五、當今研讀《莊子》書的目的

此時此刻捧著一本《莊子》書，我們還得自我後設一個「為什麼要讀它」的目的問題。這個問題在透視「莊子其人其事」、「《莊子》書的由來」、「條理《莊子》書的難處及其克服」和「《莊子》書所體現思想觀念的大要」等層面時已逐漸醞釀，現在熟透了就得直接面對。倘若說莊子本人的宿慧情況有如中國禪宗六祖惠能那樣而可以給了諒解了（據宗寶編《六祖大師法寶壇經‧行由第一》記載，惠能不識一字，但初聽五祖弘忍講《金剛經》到「應無所住而生其心」時卻能大悟一切萬法不離自性，很明顯是宿慧使然）[32]，而有關《莊子》書的集體創作性及其諸多自我否定和不盡合轍等內隱的難題也無妨如前面所說那般予以淡化看待了，那麼我們在試為掌握這一體現著以道發端而終結於逍遙自在追求的超卓思想觀念形態究竟要做什麼，也就

得有一段自我覺悟的歷程，才能盛稱受到了它的魅力的感召。

這統是說「當今閱讀《莊子》書的目的」，細說則是要把閱讀一事詳為衍釋，以應升級版較為精密後設思考的能事。換句話說，我們作為一個繼起的閱讀者，如果能夠將所以要重為接受《莊子》書的理由考慮清楚，對於自己學識的增長和相比他人浮泛領略嫌愧憾上勢必是一件堪稱最高效益的事（否則還像別人那樣胡亂讀去或片段吸收就沒多大意義）。而這自然不合停留在前人如孟子所說的「知人論世」/「以意逆志」[33] 或司馬遷說的「好學深思，心知其意」/「信則傳信，疑則傳疑」[34] 該一僅針對文本所蘊涵義理的深為領受或權作調整的階段，還得跨越細想自己從《莊子》書所獲得的啟示到底可以在現實處境中發揮什麼樣的作用。換句話說，掌握《莊子》書所體現以道發端而終結於逍遙自在追求的這一超卓思想觀念形態只是閱讀本

身的目的，此外還有自我作為一個閱讀者
的目的；而照理閱讀者的目的也可以等同
於閱讀本身的目的（純粹為閱讀而閱讀），
但通常都會超過而往謀取利益／樹立權威
／行使教化等支配欲望（或兼文化理想）
此一最深心理層面去伸展（也就是藉所閱
讀結果來遂行一己潛藏的支配欲望）。因此
，自我後設追究為什麼要讀《莊子》書，
終極上也就形同是在部署所讀《莊子》書
結果的用武處。而這項心理易動，對我們
來說多少是一大考驗。

　　所以說是一大考驗，乃因為還不明該
如何取向的人比比皆是，以至我們想從被
感染的迷夢狀態中奮起，就得養成比別人
多一點的識見。試想古來有關《莊子》書
的接受者，有的為了借鏡在「捨短取長」
中輔政「以通萬方之略」（這從《漢書·藝
文志》以降，凡是志在條理術道的都屬於
這個路徑），有的為了自況在「超然心悟」
裏「發明奇趣」／「大暢玄風」（這從魏晉

向秀和郭象等人注莊開始，只要脾性相同的無不景慕競趨），有的為了救弊在「疏通學說」內據以區分「氣質之性」／「理義之性」一類存有終至能相靡相盪（這從宋張載《正蒙》和程顥《遺書》等肇端，以迄當代眾多因應西方攪擾而亟思別出一格言說的盡是相仿途轍。後者，可見胡適《中國古代哲學史》、馮友蘭《中國哲學史》、勞思光《中國哲學史》、牟宗三《才性與玄理》、余英時《論天人之際：中國古代思想起源試探》、葉蓓卿編《「新子學」論集》、何乏筆主編《跨文化漩渦中的莊子》和劉劍梅《莊子的現代命運》等）[35]，雖然都互有可以誌記的志慮遐想，但要把它們兜來眼前所遇艱難處境幾乎在尋求解方上全派不上用場，致使今後還得另覓應對良策，才有善用莊學的實質足夠稱道。換句話說，自古至今讀者所要藉接受《莊子》書來遂行支配欲望的，不論是否內含有為凸出或強化學術的旨趣，都無助於當今我們所面

對由西方人發展科技且興作資本主義和殖民征服等釀致的舉世性能趨疲（entropy，熵）危機。於是易軌改道以謀求更迫切的策略，而使支配欲望的遂行帶有較高的合理性，也就成了現在想要閱讀《莊子》書的我們最麻渣的挑戰（短少志氣的人鐵定會迺行逃離）！

　　向來閱讀跟寫作相似，也深具社會性特徵：它不只是為求「自我受用」而已，還會擴及「人際互動」且以支配他人或影響他人為終極目的。所以當莊子敘及「**後世之學者，不幸不見天地之純，古人之大體，道術將為天下裂**」[36]這一宛如是在自道作書旨趣以為冀人認同時，我們就當知道也得仿此藉所閱讀結果來發揮可類比的濟世功用，才能完滿閱讀一事也無從擺脫體制自存的道理。而這所可以用武處的，無疑就是當前全球化浪潮所引發能源枯竭、環境惡化、生態失衡、溫室效應、臭氧層破洞和核武恐怖等後遺症（總縮為能趨

疲危機）的有效化解。它無法全面性的對治成功，但只要有心從自我體道而無待逍遙開始，逐漸影響他人一起來保養天地純淨和整體諧和，就有可能「日見效用」。而這不管是口說或轉著述，一旦有益於緩和能趨疲危機的，就算廁入了善讀《莊子》書者的行列；至於此中所同樣難免的支配企圖，也因為有這項文化理想在而自動減去可能被怨憎的成分（不然要任由不可再生能量趨於飽和而讓地球陷入一片死寂的境地嗎），遠非其他但圖一己快悅而缺乏文化理想僅具低度合理性的支配行動所能企及。

【分看】
一、終極信仰「道」

【總看】《莊子》書，得顧及上述「莊子其人其事」、「《莊子》書的由來」、「條理《莊子》書的難處及其克服」、「《莊子》書所體現思想觀念的大要」和「當今研讀《莊子》書的目的」這些關連性或環繞性的面向，以便心裏有個底據，在內化義理和外發對治困境上才能雙雙告捷奏效。而由此基礎再行拓展推衍，就是對《莊子》書所體現思想觀念的整套掌握或深入窺探。這在自我意識上不妨以【分看】立名，為的是讓相關義理更能細緻著心。底下就依前面所擬「終極信仰」／「終極關懷」／「終極真實」／「終極目標」／「終極承諾」等系列概念架構，逐項的來演示所可以的透視情況。

這最優位關鍵的是終極信仰「道」部分。先看信仰本身：信仰在最基本的層次

是一個具存在性的開始（人活著多半要基於某些特定的信念才有可能），同時它也會有階段性的生成或變化，以至信仰的歷史就像宗教學者郭蒂尼（Romano Guardini）《信仰的生命》所說的涵蓋了一個人的全部，包括他的個性、他的力量、他的弱點、他的情緒、他的經驗和他的環境等[37]。此外，有關信仰的實質也常被認為有若干判斷不能立即試驗證實的，那麼它是否真實就不可知，這類判斷就稱為信仰（跟能經試驗而得到證實的知識判斷相區別）。因此，信仰約略有兩類可說：一類是根源於知識，而且跟知識有邏輯上的關連，如每一科學的假定在它尚未確立時就屬於這類的信仰；一類是宗教的信仰，這類信仰跟知識不相統屬，乃以不可侵犯的信條或聖經為根據[38]。按照後者含有前者的成分來看，不妨說前者是狹義的信仰，後者是廣義的信仰。當中狹義的信仰，它可以是一種行為，也可以是一種習性。如果是一種習性，

那麼它就是神賦予的自然德性的一種，稱
為信德，是使人因著上帝的權威而完全相
信祂所啟示的道理 [39]。這很明顯是順著西
方一神教的觀點來說的；倘若不附和它，
那麼狹義的信仰就可以具體指對泛神或某
種類神對象的信念。這一意義的信仰，仍
然是整個人自由的和道德上的重要決定。
而這在《莊子》書裏，則略可舉兩段話來
印證「必有信仰」的情況：

> 人之生，氣之聚也。聚則為生，散
> 則為死。若死生為徒，吾又何患？
> 故萬物一也。是其所美者為神奇，
> 其所惡者為臭腐。臭腐復化為神奇，
> 神奇復化為臭腐。故曰通天下一氣
> 耳，聖人故貴一。[40]

> 若有真宰，而特不得其朕……百骸、
> 九竅、六藏，賅而存焉，吾誰與為
> 親……終身役役而不見其成功，苶

> 然疲役而不知其所歸，可不哀邪？
> 人謂之不死，奚益！其形化，其心
> 與之然，可不謂大哀乎？[41]

相信人（包括萬物）是精氣的化生且許以
該化生過程為一真宰（真君），從此才有可
能據以為逆反「終身役役而不見其成功，
苶然疲役而不知其所歸」而盡得逍遙自在
的快慰。可見信仰必在行動前面存在，以
理智有所堅持的恣態自我引導或制約著相
關的作為。

再看信仰對象的實際。終極信仰所對
應的終極實體，原是被宗教獨佔去的（宗
教因為蘊涵有終極實體的信仰才顯出它的
宗教性而不會跟其他事物相混淆），但在實
際上除了那種依「神道設教」的宗教有終
極實體作為歸趨，此外凡是「有所宗以為
教」的類宗教同樣也不乏究極於某些終極
實體。致使終極實體在要有所扭轉向度的
情況下，勢必得打破一神教的意義壟斷而

讓它重建為包括論者所准立過的四種類型：第一是指向被實存地經驗到作為另一個人格存在的終極大全的實在，這個人格傳統上被稱為上帝；第二個是指向被實存地經驗到作為自我或個人更大或內在認同而存在的終極大全的實在（這跟上一類型的區別，在於該終極大全的實在並非以個人內心認同方式作為一個異己的對象而被經驗到）；第三是從一些合理的前提推演出一套關於終極大全某些特徵的基本信仰，或者將它們建立在理性的基礎上，或者使它們符合理性的要求；第四是把第三類型中的合理性因素和第二類型中實存的實現結合起來 ⁴²。這可以根據它有「實指」能夠感應的特性而再縮減為兩大類型；也就是將後二者視為前二者所延伸而只保留前二者。這樣有關信仰對象就不再侷限於一神教的特定信仰，而轉趨涵蓋一樣有超越界或神秘界觀念的其他信仰形態。換句話說，我們把上述那兩大類型的終極實體再予以

細分，至少可以發現有前面曾指出過的三種不同的信仰對象：一是指向具創造力的人格神（上帝）；一種是指向絕對寂靜的境界（佛或涅槃）；一種是指向自然氣化的過程（道或玄或理）（後二者是從「指向被實存經驗到作為自我或個人更大或內在認同而存在的終極大全的實在」分化出來的）。雖然後二者原是分別供人體證和契合的（不像前者是供人崇拜的），但當它的體證和契合路並非一蹴可幾以及相關的狀態和律則的隱喻容易增人遐思時，諸般理由的輾轉促發還是會吸引人去追求和嚮往而同為帶有信仰的印記。這麼一來，我們就能夠說所謂的終極信仰有以上帝為依歸的形態和以佛為依歸的形態以及以道為依歸的形態等等的分立。《莊子》書所屬的就盡在後者：

　　　夫道，有情有信，無為無形；可傳
　　而不可受，可得而不可見；自本自

根，未有天地自古以固存；神鬼神
帝，生天生地；在太極之先而不為
高，在六極之下而不為深；先天地
生而不為久，長於上古而不為老。
43

這段話表白的有點玄遠，不啻要將道推到
一切事物溟漠的源頭！其實從他處的說辭
，道就僅僅是那一陰陽二氣化生萬物的自
然過程。所謂「道，理也……道無不理，
義也」、「萬物殊理，道不私，故無名……
是故天地者，形之大者也；陰陽者，氣之
大者也；道者為之公」、「夫道，覆載萬物
者也，洋洋乎大哉」和「天不得不高，地
不得不廣，日月不得不行，萬物不得不昌，
此其道與」44等，無不內蘊或意指道乃該
自然氣化的過程。由於自然氣化本身還會
有起始點，所以它也常被推及那一無從捉
摸的溟漠境地而相似的稱對方為道。這時
道就多了一個始源義而跟它顯著的歷程義

合為一體。

最後看終極實體信仰的一體性。道成為所信仰的終極實體後，從後設角度還得以「一體性」檢視它的成效。也就是說，道是否遍在和信仰者有無曲逆以及成體進益能否仍在殼中等，都會影響到它的作為一個終極實體的無柾然或無枝蔓標誌。這在《莊子》書，基本上是禁得起考驗的。首先從論道有所通貫可知道已遍在了：

> 東郭子問於莊子曰：「所謂道，惡乎在？」莊子曰：「無所不在。」東郭子曰：「期而後可。」莊子曰：「在螻蟻。」曰：「何其下邪？」曰：「在稊稗。」曰：「何其愈下邪？」曰：「在瓦甓。」曰：「何其愈甚邪？」曰：「在屎溺。」東郭子不應。[45]

這固然有先驅老子早已泛說「有物混成，先天地生。寂兮寥兮，獨立而不改，周行

而不殆，可以為天下母。吾不知其名，字之曰道……人法地，地法天，天法道，道法自然」[46] 予以論列了，但溯及能如此實舉（道此一自然氣化過程遍在於動物如螻蟻／植物如稊稗／礦物如瓦甓和屎溺等），則最先見於《莊子》書。此外，道的無可觸碰把捉性（只可會意推想），經過老子加油添醋形容成「道之為物，惟恍惟惚。惚兮恍兮，其中有象；恍兮惚兮，其中有物。窈兮冥兮，其中有精；其精甚真，其中有信」[47] 這般玄奇模樣，到了《莊子》書也自動減去虛誇，但以如上面所舉「（道）有情有性，無為無形……」一類幾近實然狀態在著眼發論，這也無不強化了道遍在的可意會推想性。其次從賦予信仰者直接契合道的形象也可知信仰者無所曲逆了：

　　堯治天下之民，平海內之政，往見四子藐姑射之山，汾水之陽，窅然喪其天下焉。[48]

公文軒見右師而驚曰:「是何人也？惡乎介也？天與，其人與？」曰：「天也，非人也。天之生是使獨也，人之貌有與也。以是知其天也，非人也。」[49]

子輿與子桑友，而霖雨十日。子輿曰:「子桑殆病矣！」裹飯而往食之。至子桑之門，則若歌若哭，鼓琴曰:「父邪！母邪！天乎！人乎！」有不任其聲而趨舉其詩焉。子輿入，曰:「子之歌詩，何故若是？」曰：「吾思夫使我至此極者而弗得也。父母豈欲吾貧哉？天無私覆，地無私載，天地豈私貧我哉？求其為之者而不得也。然而至此極者，命也夫！」[50]

無為名尸，無為謀府；無為事任，

無為知主。體盡無窮，而遊無朕；
盡其所受乎天，而無見得，亦虛而
已。至人之用心若鏡，不將不迎，
應而不藏，故能勝物而不傷。[51]

前三則都在塑造不違自然而行的案例，後
一則乃總結此類直接契合道的必有樣貌，
可說真能一體性終極實體信仰了。相對的，
先驅老子在「無為」後還發出「無不為」
的籲請。好比國君（聖人），表面上警惕他
「我無為而民自化，我好靜而民自正，我
無事而民自富，我無欲而民自樸」，實際上
則在勸勉他採「將欲歙之，必固張之；將
欲弱之，必固強之；將欲廢之，必固舉之；
將欲奪之，必固與之。是謂微明。柔弱勝
剛強。魚不可脫於淵，國之利器不可以示
人」[52]一類手段在陰為愚人自得，這就走
到「矯道」的偏路上去了（也難怪法家勢
術派會從這裏衍化而強入世專使暗黑伎
倆）。還有儒家孔子雖然也同認一個道樞，

但他所想的體道途徑卻是另一條為求社會
秩序化的仁治或聖治[53]；也就是能使社會
秩序化後，它的和融無衝突性在某種程度
上就相應於自然造化首功了。這種刻意的
「仁道」，自是跟莊子純然的「道道」分居
光譜兩端；而連結上面所舉老子自創的「矯
道」，則可以出以這樣的圖示：

「矯道」從「道道」端歧出，而跟「仁道」
無涉。至如光譜中間有模糊區域的，則准
許《列子》書所敘可進可退的道人造型進
駐；只是那已有虧一體性，終究不能不事
屬曲逆範圍了。再次從信仰者修為升級無
礙道更可知信仰者成體進益仍在彀中了：

　　至人神矣！大澤焚而不能熱，河漢

沍而不能寒，疾雷破山風振海而不能驚。若然者，乘雲氣，騎日月，而遊乎四海之外。死生無變於己，而況利害之端乎！54

藐姑射之山，有神人居焉，肌膚若冰雪，綽約若處子。不食五穀，吸風飲露。乘雲氣，御飛龍，而遊乎四海之外。其神凝，使物不疵癘而年穀熟。55

古之真人，不知說生，不知惡死；其出不訢，其入不距；翛然而往，翛然而來而已矣。不忘其所始，不求其所終。受而喜之，忘而復之。是之謂不以心捐道，不以人助天。56

所謂至人／神人／真人（聖人），都是成就道體後立顯有所進益形態的典型人物。他

們自我修為升級了，卻一如往昔沒有妨礙道的流衍，可以說是功在而質不變的徹底「道道」一脈。而這已遠非一直在無不為的「矯道」範域裏磨練「不尚賢，使民不爭；不貴難得之貨，使民不為盜；不見可欲，使民心不亂。是以聖人之治，虛其心，實其腹，弱其志，強其骨。常使民無知無欲。使夫智者不敢為也。為無為，則無不治」[57] 這類更精密術者所能相比了（老子所推銷這種減卻嗜欲觀念，不啻在反照他有關轉積極取得自在逍遙遠景規模能力的匱乏；致使所謂的「更精密術」只侷限在凡俗層次的忙亂疊加，絲毫也無助於道體的超升立範）。可見《莊子》書所體現終極實體信仰不處乃一體成形，效益至高，大體已無可加以非議的空間。

二、終極關懷「個體困窘」

　　由道的信仰發端，並採取順道而行的道道作法，《莊子》書還得示人「究竟所關懷何事」一理，才能具備作為一個系統論說應有的嚴密邏輯結構（否則會因無所掛搭而流於空談）。這種關懷沒有可超越的對象，自然就應理稱它為終極關懷（不僅緣於它從終極信仰一路而來的連帶呼名）。至於這一部分所以要僅次於終極信仰後論列，則是有理序要求和方便敘述等雙重緣故，這就不言可喻了。

　　從《莊子》書的立論來看，道道所會引致的終極關懷，除了一個「個體困窘」，似乎就再也沒有別的事項可以充當了。這在先驅老子，但以「吾所以有大患者，為吾有身，及吾無身，吾有何患」這類較空泛的形軀限制，以及「天下多忌諱，而民彌貧；朝多利器，國家滋昏；人多伎巧，奇物滋起；法令滋彰，盜賊多有」或「名

與身孰親？身與貨孰多？得與亡孰病？是
故甚愛必大費，多藏必厚亡」[58] 這類偏強
作為或片面欲求貽患限制等來指謂，其實
形軀限制還可涵蓋殘疾、病痛、受阻和夭
壽等諸般面向；而偏強作為或片面欲求貽
患限制也不足說盡人自造的種種桎梏。相
關更詳細的舉實，則要到了《莊子》書才
有所覺察而一起呈現。此外，在隱微層次
還有來自社會／文化對個體的蹙迫或約束
所造成更深遠的限制，也能從《莊子》書
中窺見一些跡象。

　　這可統括以生理限制、心理限制、社
會限制和文化限制等標目，來看《莊子》
書所發微個體困窘的一般狀況。首先在生
理限制方面，人的殘疾、病痛、受阻和夭
壽等所造成形軀的負擔或不便是俱在的事
實：當中殘疾和病痛為人所無可避免：凡
是四肢五官功能有短絀不濟的（《莊子》書
已提及的支離疏、兀者王駘、哀駘它、叔
山無趾和闉跂支離無脤等肢障畸型人世上

早不缺乏，尚未提及的聽障或視障或相關視聽食息跑跳碰等行動無法正常發用的更所在多有），以及受傷、染恙和腫瘤等禍害恆常伴隨的，無不讓人蹇困至極！至於受阻和夭壽等，則是環境和命運在制約。前者（指環境制約），放眼所見，莫不有天地牢形、山川梗路、風雨災身、蚊蠅擾寧和虺蚖害命等無限多的障礙在周遭脅迫著，也難怪《莊子》書所至盼「物莫之傷，大浸稽天而不溺，大旱金石流土山焦而不熱」式的神人 [59] 或「動不知所為，行不知所之，身若槁木之枝而心若死灰。若是者，禍亦不至，福亦不來」式的至人 [60] 要被期待修練摶成，以便降低或減卻這類外鑠的拘束。後者（指命運制約），就更無可奈何了，人一來到世上所會遭遇的「死生存亡，窮達貧富，賢與不肖毀譽，饑渴寒暑」等就幾乎全為「是事之變，命之行也」[61] 乃命這一屬道的另一不可測知面向所註定（人無法透視自然氣化過程的實質運作情況，只

好權歸為命）。它的弔詭性，甚至連厭棄當
國君的人也未必能如所願：

> 越人三世弒其君，王子搜患之，逃乎
> 丹穴。而越國無君，求王子搜不得，
> 從之丹穴。王子搜不肯出，越人薰之
> 以艾，乘以王輿。王子搜援綏登車，
> 仰天而呼曰：「君乎！君乎！獨不可
> 以舍我乎！」[62]

因為你命中註定就是要當國君，抗拒只是
徒然！此外，生來有無疲癃、是否惸獨和
稟性純駁如何等，也常由不得自主。這種
種生理限制，一入凡眼，想不呼天搶地也
難（只有通達人士才能洞燭機先從顛連無
告中奮起而超脫困境。詳後相關節次）！
　　其次在心理限制方面，人的思感等能
力只要背棄道，都會反過來自我困縛；而
人在尚未認真體道且順道而行前，想擺脫
這種內鑄的困縛，就無異是天方夜譚！《莊

子》書在這一部分可揪舉得相當深切。如：

惠子謂莊子曰：「魏王貽我大瓠之種，我樹之成而實五石，以盛水漿，其堅不能自舉也；剖之以為瓢，則瓠落無所容。非不呺然大也，吾為其無用而掊之。」莊子曰：「夫子固拙於用大矣！宋人有善為不龜手之藥者，世世以洴澼絖為事。客聞之，請買其方百金。聚族而謀曰：『我世世為洴澼絖，不過數金；今一朝而鬻技百金，請與之。』客得之以說吳王。越有難，吳王使之將。冬與越人水戰，大敗越人，裂地而封之。能不龜手一也，或以封或不免於洴澼絖，則所用之異也。今子有五石之瓠，何不慮以為大樽而浮乎江湖，而憂其瓠落無所容？則夫子猶有蓬之心也夫！」[63]

正是心有蓬蒿阻塞迂曲不通達，沒有選妥應變策略，人才會落得一生無法逍遙自適！類似這種蓬心橫梗所造成的內在障蔽，在後世禪宗也多能致意：「有沙彌道信，年始十四，來禮師（僧璨）曰：『願和尚慈悲，乞與解脫法門。』師曰：『誰縛汝？』曰：『無人縛。』曰：『何更求解脫乎？』信於言下大悟。」[64]「師（百丈懷海）侍馬祖行次，見一羣野鴨飛過。祖曰：『是什麼？』師曰：『野鴨子。』祖曰：『甚處去也？』師曰：『飛過去也。』祖遂把師鼻扭，負痛失聲。祖曰：『又道飛過去也！』師於言下有省。」[65] 這都在暗示解開纏縛只差一個念頭轉換（禪宗是以「一念不起」對治「念念相續」而進入絕對寂靜境界脫困），跟《莊子》書所暢論去除妨道心理而享盡眼前海闊天空一片澄靜的美妙感覺異曲同工。除了蓬心窒礙，還有斤斤計較物事差異和執意迷戀己身榮寵等，也在更深層次上制約著人自由自在不起來（這是蓬心的隱微面

表現）。如：

> 勞神明為一而不知其同也，謂之朝
> 三。何謂朝三？曰：「狙公賦芧，曰：
> 『朝三而暮四。』眾狙皆怒。曰：
> 『然則朝四而暮三。』眾狙皆悅。
> 名實未虧而喜怒為用，亦因是也。
> 66

> 臧與穀二人相與牧羊，而俱亡其羊。
> 問臧奚事，則挾筴讀書；問穀奚事，
> 則博塞以遊。二人者，事業不同，
> 其於亡羊均也。伯夷死名於首陽之
> 下，盜跖死利於東陵之上。二人者，
> 所死不同，其於殘生傷性均也，奚
> 必伯夷之是而盜跖之非乎？67

前則所示區別是非僅是為計較物事差異的
一端（另有區別彼我和區別生死等）；而後
則所示死於名利則概括了迷戀己身榮寵的

全部（生為名利而邀得一己的兩類榮寵，死仍以殉名利註記於史冊垂鑑），這都是人自絕於逍遙路的非明智舉動。而相較於外鑠約束，此一內鑄纏縛對人所以困窘的緣由更為關鍵。換句話說，外鑠約束既是不由得自身抗拒，那只要敢看淡或任它發生，大體上都可以權且放過去；但對於來自己身的內鑄纏縛一旦無力拆解，勢必連縣不斷地自我噬嚙以至於嚴重的殘生損性！這種困窘，在個體來說最居深重地位。

再次在社會限制方面，相關的外鑠約束，除了緣自體限境限命限這種非己力所能改變的因素，還有一個更大的社會牢籠也在深深制約著人的一切。這種制約，有被動受牽絆的，也有主動迎合遭連累的。前者，《莊子》書乃以一個寓言在作喻示：

> 昔者海鳥止於魯郊，魯侯御而觴之於廟，奏九韶以為樂，具太牢以為膳。鳥乃眩視憂悲，不敢食一臠，

不敢飲一杯，三日而死。[68]

人就像那籠中鳥（不論是否受到善待），被政治力所滲透的社會牢牢框限著（扮演代表區域支配者角色的人，也被代表更大區域支配者所宰制或各代表區域支配者相互宰制），被動受牽絆的情況實有著「無力回天」的深重悲哀！後者，《莊子》書則取現成的孔子故事予以表徵：

> 孔子適楚，楚狂接輿遊其門口：「鳳兮鳳兮，何如德之衰也！來世不可待，往世不可追也。天下有道，聖人成焉；天下無道，聖人生焉。方今之時，僅免刑焉。福輕乎羽，莫之知載；禍重乎地，莫之知避。已乎已乎，臨人以德！殆乎殆乎，畫地而趨！迷陽迷陽，無傷吾行！吾行郤曲，無傷吾足！」山木自寇也，膏火自煎也。桂可食，故伐之；漆

可用，故割之。人皆知有用之用，
而莫知無用之用也。[69]

孔子這位以「鳥獸不可與同羣」[70]自命而
熱中政治的樂觀主義者，雖然不無幾分有
類似「且夫趣舍聲色以柴其內，皮弁鷸冠
搢笏紳修以約其外，內支盈於柴柵，外重
纆繳，睆睆然在纆繳之中而自以為得」[71]這
種甘願受牢籠的心態在背後支撐著，但那
是以可獲得相當名聲甚至權益為平衡機制
的，一般人沒有這種機會或能耐，只得白
白膠著困慮在正負兩難的抉擇間。因此，
所謂主動迎合遭連累且容易被識者訾議的
情況本身也仍摻雜著「莫可奈何」的異樣
沈痛！小結是：社會為眾人集聚互動所成
就，反過來對個體的制約自以上述政治力
最具顯要地位，只不過內裏的法令律度和
已相隨存在的道德規範以及遍布在各個角
落的經濟活動等，也在或輕或重的起著壓
抑、糾纏和擺弄等實質窘困人的作用，馴

致一旦身在社會人就無處可以自由來去，從此喪失了一個原應是如道自適的充分身體。於是像「招世之士興朝，中民之士榮官。筋力之士矜難，勇敢之士奮患，兵革之士樂戰，枯槁之士宿名，法律之士廣治，禮樂之士敬容，仁義之士貴際。農夫無草萊之事則不比，商賈無市井之事則不比。庶人有旦暮之業則勸，百工有器械之巧則壯。錢財不積則貪者憂，權勢不尤則夸者悲。勢物之徒樂變，遭時有所用，不能無為也。此皆順比於歲，不物於易者也。馳其形性，潛之萬物，終身不反，悲夫」[72] 這類亂七八糟的變相鑽營（自以為脫困）就累世不絕，而不免要引發有識之士的浩嘆了！

再次在文化限制方面，文化是一個具全面罩籠性的概念，包含人所有創造力展現的成果（舉凡理性信仰、哲學科學觀念、倫理道德宗教規範、文學藝術表現、政治經濟社會制度設計和科技成就等盡為它所

統括），以至前面所舉證的已多有相涉，實在不宜再另立這一項。但為了看出還有更深層次未曾著墨，所以就姑且將它列名而殿後討論。這主要是緣道而來的終極信仰本該「聖有所生，王有所成，皆原於一」，但「天下大亂，賢聖不明，道德不一，天下多得一察焉以自好……是故內聖外王之道，闇而不明，鬱而不發，天下之人各為其所欲焉以自為方。悲夫，百家往而不反，必不合矣……道術將為天下裂」[73]，導致有所歧出謀生的人都反向受到了文化的制約而不得逍遙自在。換句話說，天下人分裂道術後凡是自認為新創文化或信守文化的，都形同自我囚禁在案，實際上那所分裂而去的道術並非應有的道道一路（而是一如墨翟禽滑釐／宋鈃子文／彭蒙田駢慎列／關尹老聃／惠施桓團公孫龍那般走偏鋒）[74]。因此，前面所述生理限制、心理限制和社會限制等不盡能概括個體困窘理由的，就得再出以文化限制一項，表示這是最

廣包或最無遠弗屆的約束力（在沒有他者
如印度佛教興起的緣起觀型文化和西方創
造觀型文化等傳來相涵化或相激盪前，國
人就只能在此一自我所摶成的氣化觀型文
化中彈性感知、思維和行動而別無多餘的
選擇）。這種約束力，《莊子》書所喻示的，
多半顯現在對他家的批判中。如：

> 道隱於小成，言隱於榮華。故有儒
> 墨之是非，以是其所非而非其所是。
> 欲是其所非而非其所是，則莫若以
> 明。[75]

> 道與之貌，天與之形，無以好惡內
> 傷其身。今子（惠施）外乎子之神，
> 勞乎子之精，倚樹而吟，據槁梧而
> 瞑。天選子之形，子以堅白鳴！[76]

> 駢於辯者，纍瓦結繩竄句，遊心於
> 堅白同異之間，而敝跬譽無用之言

非乎？而楊墨是已。故此皆多駢旁
枝之道，非天下之至正也。彼正正
者，不失其性命之情。[77]

也就是你只要入了分裂道術一流，終身受
桎梏的際遇已定，從此道道純境離你遠去
！所見的個體受迫，累計到這裏可說是無
以復加了；不願持續無謂陷落的人，勢必
要找到一條終極的脫困道路，而這就是《莊
子》書亟欲開發且自信可以達標致效的。

三、終極真實「分別心和名利欲」

　　個體困窘作為終極關懷的對象，必然會引出一個終極真實（終極性的造成個體困窘的真實狀況），方能確保它的存在意義。由於該真實狀況是終極性的，所以在前面所述造成個體困窘的生理／心理／社會／文化等諸般因素中就理當存藏著它的身影（自有它可判別凸出的空間），而亟待此處依據《莊子》書的鋪陳，總要的將它掀揭開來。換句話說，儘管有各種限制在困窘個體而不便區分彼此，但當中最關鍵的那部分一定不能忽略，這樣整體論說才有本末先後或輕重緩急的理序效應。而這在《莊子》書，顯然是已經自我提住了：也就是以眾真實中屬心理限制的「分別心和名利欲」為最具終極性。

　　將終極真實確立在分別心和名利欲等項目上（二者又常顯現一體兩面），在討論前還得把造成個體困窘的其他因素所以

未能居前的理由先作些必要的分疏。我們看生理層面所見的體限／境限／命限等都有外鑠力量在強加給人困窘的感覺，而社會層面和文化層面所見的政經道德法令／道術分裂等更屬綿密的周遭變數也麼迫著人心（而讓人難以自由自在）；但這些比起心理層面的計較物事差異／迷戀己身榮寵等內鑄蓬塞情況，則又顯得不夠深切而重度。也就是說，計較物事差異／迷戀己身榮寵等所造成的困窘是無時無刻不在自我汙濁或啃噬著心靈，乃全然自惹的徹底違道而決意墮入忙亂苦楚的深淵！倘若說那些外鑠力量和周遭變數等都可以轉看淡或不迎合，而使個體仍然能夠維持相當程度的不被拖累，那麼自我執著的計較物事差異和迷戀己身榮寵等就成了個體無法脫困的最終極來由。

　　這總提為分別心和名利欲的終極真實，在《莊子》書中已經從一般真實中予以提升到顯眼的位置（後面所要舉證的終

極承諾也是從這裏著眼，在一番有效的去
除分別心和名利欲後，才達致逍遙境界的
終極目標)，而有我們可以不虞他慮的加以
縮結成一矩陣。首先是有關分別心的部分，
先驅老子也曾談過分別心害道的事：「天下
皆知美之為美，斯惡已。皆知善之為善，
斯不善已。故有無相生，難易相成，長短
相形，高下相傾，音聲相和，前後相隨。
是以聖人處無為之事，行不言之教。萬物
作焉而不辭，生而不有，為而不恃，功成
而弗居。夫唯弗居，是以不去。」[78]但該
談法（兼論及去除分別心）僅屬泛說而不
見部勒次類的效果。反觀《莊子》書所示
則不然，它以分別彼我、分別是非和分別
生死等意識作用此一較具涵蓋性且有殊類
作用的成套說詞呈現（雖然要經過一番整
理），很容易取得讀者的意會認同。

　　當中在分別彼我方面，《莊子》書有正
面立論，有取例證成。正面立論是採兩說
的方式：「非彼無我，非我無所取。是亦近

矣，而不知其所為使……物無非彼，物無
非是（此）。自彼則不見，自知則知之。故
曰『彼出於是，是亦因彼』。」[79] 這以泯除
彼我和區分彼我的對比，將人能否無窮應
付事物變化的道理和盤托出，可以引人悟
及取捨在己智的明睿發用。而取例證成，
則仍以寓言出示：

> 南郭子綦隱机而坐，仰天而噓，荅
> 焉似喪其耦。顏成子游立侍乎前，
> 曰：「何居乎？形固可使如槁木，而
> 心固可使如死灰乎？今之隱机者，
> 非昔之隱机者也。」子綦曰：「偃，
> 不亦善乎，而問之也！今者吾喪我，
> 汝知之乎？汝聞人籟而未聞地籟，
> 汝聞地籟而未聞天籟夫！」子游曰：
> 「敢問其方。」子綦曰：「夫大塊噫
> 氣，其名為風。是唯無作，作則萬
> 竅怒呺……夫吹萬不同，而使其自
> 已也，咸其自取，怒者其誰邪！」

80

區分彼我和泯除彼我僅為一念轉折，自取無方就會淪落不得逍遙的窘境！至於分別是非和分別生死方面，《莊子》書則是交錯論列證成。論列處依然以兩說對比，反不當區分是非生死的用意甚為明顯：「彼是方生之說也。雖然，方生方死，方死方生；方可方不可，方不可方可；因是因非，因非因是。是以聖人不由，而照之於天，亦因是也。是亦彼此，彼亦是也。彼亦一是非，此亦一是非。果且有彼是乎哉？果且無彼是乎哉？彼是莫得其偶，謂之道樞。樞始得其環中，以應無窮。是亦一無窮，非亦一無窮。故曰莫若以明。」[81] 證成處則同樣有寓言相隨，可分別節要如下：

（王倪）曰：「……民溼寢則腰疾偏死，鰌然乎哉？木處則惴慄恂懼，猿猴然乎哉？三者孰知正處？民食

芻豢，麋鹿食薦，蝍且甘帶，鴟鴉耆鼠，四者孰知正味？猨猵狙以為雌，麋與鹿交，鰌與魚游。毛嬙麗姬，人之所美也，魚見之深入，鳥見之高飛，麋鹿見之決驟。四者孰知天下之正色哉？自我觀之，仁義之端，是非之塗，樊然殽亂，吾惡能知其辯！」[82]

長梧子曰：「……予惡乎知說生之非惑邪？予惡乎知惡死之非弱喪而不知歸者邪？麗之姬，艾封人之子也。晉國之始得之也，涕泣沾襟；及其至於王所，與王同筐床，食芻豢，而後悔其泣也。予惡乎知夫死者不悔其始之蘄生乎……」[83]

正如這些例子所示，強為區分是非生死，都是不察「和之以天倪，因之以曼衍，所以窮年也。忘年忘義，振於無竟，故寓諸

無竟」[84]的關節，合該終身錮蔽而沒得契會超脫了。

　　綜觀《莊子》書條理分別心對個體的制約，幾乎窮盡了世人的經驗範圍：也就是分別彼我為主客對立屬知識經驗，分別是非為善惡對立屬規範經驗，分別生死為美醜對立屬審美經驗，三者齊備而人自我囚禁的窘況無所遁形（如還有分別人神為聖俗對立屬神秘經驗可勉強湊數，也無妨比照著去看）。前面所述此乃「較具涵蓋性且有殊類作用的成套說詞」，到這裏可以得到確證。

　　其次是有關名利欲的部分，這在先驅老子固然也已舉略論定，早有理路存檔，但它的僅見泛說性（詳見前節）還不足以通透此中的機要，而有待《莊子》書來詳為披露。基本上，名利欲是權力意志（支配欲望）的展現，而跟分別心為一體的兩面。這是說分別心所顯現的裂變意識，乃緣於有名利欲的存在（否則何必硬要去作

區分），而名利欲的成形本身就是分別心在起作用（不然也不可能無中生有）。但為了合看前得先分觀的論述理由，還是接在分別心的部分後面單獨來敘說。

大致上，名利欲此一權力意志的展現，在人身上難以避免會有一個驅動的過程。這個過程所隱密連結的是權力該變數內蘊不宣的許多附帶效益，包括滿足人的物質需求和精神需求（前者如可享受財富和晉升地位等；後者如可維護尊嚴和獵取名聲等）以及在心理有匱缺時的慰藉期待（好比想要從卑微中轉生高尚或亟欲在孤苦裏排解憂悶）等。而在正面上，權力意志則實際統攝了先前所提過的謀取利益／樹立權威／行使教化等想望。當中謀取利益涉及利益的多沾或多得（相對的別人就少沾或少得），可以說是權力意志的變相發用；樹立權威則無異是權力意志的遂行；而行使教化更是該權力意志的恆久性效應[85]。這就應了向來行為心理學所揭發的一個具

有相當普遍性的命題「如果做某件事的反
應得到鼓勵，那麼做這件事的次數就會增
加」。這個命題所蘊涵的價值意識，比照荷
曼斯（George C. Homans）《社會科學的本
質》一書所歸結的條例[86]，則可以形成一
個相關的演繹系統：

　　一種鼓勵對個人的價值越高，那他
　　採取行動取得此一鼓勵的可能越
　　大。
　　在可實質藉為謀取利益／樹立權威
　　／行使教化的情況下，個體認為
　　發展權力意志有很大的價值。
　　所以他會採取行動來發展權力意志
　　。

把權力意志和謀取利益／樹立權威／行使
教化兜在一起進行這樣的演繹，看似有點
在循環論證，其實是語言使用的差異性迫
使論述不得不如此曲折衍展。重點還在經

過這一分疏或透析，大家可以不疑有他的了解名利欲究係因何而起了（而它又將在甚處縛住了人）。

《莊子》書對於這一部分所造成個體的困窘，同樣是燭照逾常而多在相關篇次中指證歷歷。它先以名是公器和利是身災（殉貨財殘生損性）[87]作為基調，然後引出重名重利者情性駁雜虧神一理來判定他終將無法免除「名利勃志（亂心）」的下場[88]且更有甚者要遭致刑戮：

> 柏矩學於老聃，曰：「請之天下遊。」老聃曰：「已矣！天下猶是也。」又請之，老聃曰：「汝將何始？」曰：「始於齊。」至齊，見辜人焉，推而強之，解朝服而幕之，號天而哭之曰：「子乎子乎！天下有大菑，子獨先離之，曰莫為盜！莫為殺人！榮辱立，然後覩所病；貨財聚，然後覩所爭。今立人之所病，聚人之

所爭，窮困人之身使無休時，欲無
至此，得乎？」[89]

最末則得出「夫富者，苦身疾作，多積財
而不得盡用，其為形也亦外矣。夫貴者，
夜以繼日，思慮善否，其為形也亦疏矣。
人之生也，與憂俱生，壽者惛惛，久憂不
死，何苦也，其為形也亦遠矣」[90]這項個
體禁制於名利場而不得至樂的結論。

上述雖然憑藉的是綜合繹理（而不是
《莊子》書原有單一篇次這般條列），但已
可覷見名利欲蘊蓄發作絕對是在自加鐐銬
的一斑。它的另一渾忘己身正受牢籠的愚
痴性，也有如「螳螂捕蟬，黃雀在後」的
故事那樣逕讓識者唏噓不止了：

莊周遊於雕陵之樊，覩一異鵲自南
方來者，翼廣七尺，目大運寸，感
周之顙而集於栗林。莊周曰：「此何
鳥哉？翼殷不逝，目大不覩？」蹇

裳躍步，執彈而留之。覩一蟬，方
得美蔭而忘其身；螳螂執翳而搏之，
見得而忘其形；異鵲從而利之，見
利而忘其真。莊周怵然曰：「噫！物
固相累，二類相召也！」[91]

好利（好名）者更有奪利者在後窺伺，能
不惶惶然終日困頓者又有幾希！此外，《莊
子》書還有兩段足可戒惕人心的情節要搬
演：一段是將名利乃為外物不必然有得性
予以揭露供人公斷：「外物不可必，故龍逢
誅，比干戮，箕子狂，惡來死，桀紂亡。
人主莫不欲其臣之忠，而忠未必信，故伍
員流於江，萇弘死於蜀，藏其血三年而化
為碧。人親莫不欲其子之孝，而孝未必愛，
故孝己憂而曾參悲。」[92] 一段是把莊子憑
弔好名利者惠施死有餘辜事帶出給人反向
思及它的對照系功用：「莊子送葬，過惠子
之墓，顧謂從者曰：『郢人堊慢其鼻端若蠅
翼，使匠石斲之。匠石運斤成風，聽而斲

之，盡堊而鼻不傷，郢人立不失容。宋元君聞之，召匠石曰：「嘗試為寡人為之。」匠石曰：「臣則嘗能斲之。雖然，臣之質死久矣！」自夫子之死也，吾無以為質矣，吾無與言之矣！』」[93] 這麼一來，有關名利欲困窘個體一事就充分得到了證立。

　　從分別心和名利欲深纏窮繞的角度看，人世間已失去道的護體，大家所面對的是有如被鑿竅的渾沌那樣在催促著悲劇上演：「南海之帝為儵，北海之帝為忽，中央之帝為渾沌。儵與忽時相與遇於渾沌之地，渾沌待之甚善。儵與忽謀報渾沌之德，曰：『人皆有七竅以視聽食息，此獨無有，嘗試鑿之。』日鑿一竅，七日而渾沌死。」[94] 渾沌死了，所比喻的道自然也遠去了，我們這些凡夫俗子還能活得好好的嗎？答案已經至明：沒有一個人可以在翻身不出分別心和名利欲的泥淖而欣然望見前方適道的逍遙路。

四、終極目標「逍遙境界」

顯然分別心和名利欲的有效阻卻或消除，已在趨入道道而樂逍遙的預告行列，這是從前面一路取證《莊子》書而來所得出的結果。只不過此一趨入途徑得留後再行討論，此地要先為該逍遙境界作個定位。由於該逍遙境界是《莊子》書所示終極關懷轉生的脫困目標，沒有比它更高位的了，所以就稱作終極目標。

終極目標「逍遙境界」，在《莊子》書中指有相關情境的提供，而不見比照道或其他名目如兩行／物化／縣解／才全／攖寧等予以略事界定，以至我們想一窺究竟還得花點檢索查考的工夫。逍遙二字，已有字書各自給予限義，如「逍，猶翱翔也」／「遙，遠也」[95]；而合成詞後也有注家加以解析，如「夫小大雖殊，而放於自得之場，則物任其性，事稱其能，各當其務，逍遙一也，豈容勝負於其間哉」[96]，但這些

恐怕都跟《莊子》書的用法稍有距離。換
句話說，字書只能解說表面字義而無從深
透內蘊意態，而注家的析理又多旁衍且未
契會《莊子》書的旨趣，畢竟還隔著厚厚
一層。

　　《莊子》書是有發過「以遊逍遙之
虛……逍遙，無為也」和「（善卷曰）逍遙
於天地之間而心意自得」[97] 一類看似在界
定逍遙的言辭，但那相當明顯是屬和老子
成說或莊子後學所錄雜廁己見（林西仲《莊
子因》、蘇軾〈莊子祠堂記〉、宋濂〈諸子
辨〉和王先謙《莊子集解》等早就有辨識），
跟體現於《莊子・逍遙遊》本篇的立意不
類，還不能據以為說逍遙境界。比較可以
取則的是〈逍遙遊〉篇首段末尾所述「至
人無己，神人無功，聖人無名」一理，這
概括了逍遙境界成立的全部。也就是說，
人要趨入逍遙境界，必須是在無己／無功
／無名的前提下才有可能；而這無己／無
功／無名早已不是老子以來一逕主張的無

為說所能範圍，它得在幾經識見通透後不以有己／有功／有名為念方能臻致。

　　前面說過，造成個體困窘的終極性原因在於分別心和名利欲，而這分別心和名利欲根本上就是有己／有功／有名的意念行動所造成的。因此，阻卻或消除分別心和名利欲，就能前進無己／無功／無名而無盡逍遙自在的境地（按：《莊子・讓王》所記載那一句在整段上是這樣說的：「舜以天下讓善卷，善卷曰：『予立於宇宙之中，冬日依皮毛，夏日衣葛絺；春耕種，形足以勞動；秋收斂，身足以休食；日出而作，日入而息，逍遙於天地之間而心意自得。吾何以天下為哉？悲夫，子之不知予也！』遂不受。於是去而入深山，莫知其處。」[98] 這就僅是消極的拒絕受位而不到積極的無己／無功／無名階段，所以才當它是乖違莊子的立意）。人能逍遙自在，也就在體道合道的道道一途了。這樣終極信仰「道」和終極目標「逍遙境界」就成了一體的兩

面（其餘終極關懷「個體困窘」、終極真實「分別心和名利欲」和終極承諾「心齋和坐忘」等，都環繞著它們），再也不宜分開來看待和予以割裂各繫。

因為逍遙境界有定而可以說實，所以道也是既經意指自然氣化過程確立而不容他人再以非可言說的抽象理則相對待。後者的慣見成形（說道是萬物生成的總原理／德是從道中所得的一理之類），全是源自老子所發「道可道，非常道」、「道之為物，惟恍惟惚」、「有物混成……吾不知其名，字之曰道」、「道無常名」和「道之出口，淡乎其無味，視之不足見，聽之不足聞，用之不足既」[99]這等故弄玄虛的言語（《莊子・在宥》中也摻雜有此類說辭），事實上道既然有名稱（命義）就不能說它「不可說」；否則便會遁入詭論一族，而難以進一步有所申說和張論。

關於這一點，倘若要再略作鋪展，那麼從詭論本身切入就是最便捷途徑。這在

稍早論者已能指出「不可說」的持論頗違常理，但在透視盲點上卻又不夠道地而有待從新予以抽繹釐清。理由就在論者只看出裏頭隱含有「循環論證」的問題（以結論不可言說和前提道互相解釋，等於沒有說什麼），而不知那是莫名的自我否定，嚴重性非同小可！依照論者所分解的，說「道不可說」屬後設語言命題，而在哲學上這種後設語言命題是以「O 相對於 L 為不可說（不可言傳）」的形式出現，意思是 O 無法藉 L 表達。換句話說，所有相關 O 的語句沒有表達什麼事實和經驗。而這裏 O 可指現象、經驗或物體，如：

（一）二元論者也許會認為心靈上的特性相對於生理學上的謂語來說是不可表達的。

（二）Predicate calculus 相對於命題來說為不可表達。

（三）$\sqrt{2}$ 相對於有理數來說為不可

表達。

（四） $X^2 = -1$ 相對於只有實數的數論來說為不可表達。

（五） 我們的確很容易想像地球上或其他星球上存在許多事物是我們做夢也想不到的。這些事物可以說相對於我們的語言來說是不可表達的。[100]

所謂道不可說，正類似這種情況。但很明顯的它已經犯了跟那些論述一樣的弊病：就是將不可說弄得太模糊不清、太具伸縮性，以及似乎有把道的實相不可說解為上面所述循環論證的嫌疑。因此，為了避免這類弊病，論者認為不妨作些調整，使該命題顯得有效些或更可理解，如：

（一） 道無法用非隱喻式的方法加以刻劃。

或（二） 道無法像科學一樣作非常

精確的描述。

或（三）道只能用很抽象的語詞加
以描寫。[101]

也就是說，老子不宜簡單地宣稱道不可說，除非事先搞清楚什麼才算是可以說的東西或現象。雖然如此，論者所作的考辨也不過是在分解或補充老子的說法，看不出可以從中產生或形塑一些建設性的意見作為對諍。

那麼老子的說法到底還有什麼問題存在？依我個人所見，這裏隱藏了一個上述「莫名的自我否定」此一可說是更甚的雙面性詭論。首先，這種詭論不是可以用別的辦法消解的存有詭論。後者是當人們嘗試將所謂神秘的終極真實或全體真實等不可思議的領域加以理性化，並使用人類抽象的有限性語言加以表達，或在提升到那玄而又玄的不可思議境界的過程所形成的。如「一切實非實，亦實亦非實，非實

非非實，是名諸佛法」[102]和「所以一切聲色，是佛之慧目……所以釋迦四十九年說，未曾說著一字」[103]等，就是屬於這類情況（既是實又是非實／既是說了又未嘗說，顯然是存有詭論）。但這可以把它看作和諧對比的統一體（形成一更高層次的「真空且妙有」），而解消表面明顯可見的矛盾[104]。此地所要指出的詭論卻不然。其次，這種詭論也不同於懷疑論或相對論或唯心論因不信有絕對或客觀的真理而顯現的無以自我圓說（有關懷疑論或相對論或唯心論等無以自我圓說部分，參見柴熙《認識論》、趙雅博《知識論》和黃慶明《知識論講義》等）[105]。畢竟在系統內對道還少有懷疑論或相對論或唯心論的意見，這跟此地的關注點可說是兩回事。既然這樣，那老子的道不可說所隱含的雙面性詭論又是怎樣的？

這不妨藉曾經引過的輪扁語斤那個故事來推想：第一，當年老子在經歷一番

體道後，產生了一些新的經驗，但這些經驗只像輪扁「不疾不徐」的斲輪那樣心理有數而不能言傳；第二，正因為體道經驗是實際有的，所以稱所經驗到的為道也是有根據的（不是憑空構設）。然而，問題的關鍵就在「心裏有數」上。有數可以是數得出，也可以是數不出。倘若是前者，就不能說道不可說；但後者又如何？那只有一種情況，就是體道的人根本理不清該道究竟是怎麼一回事。於是這裏面就出現了兩個隱式的詭論：一個是實際已知道是怎麼一回事而卻說道不可說；一個是實際不知道是怎麼一回事卻再三盛稱道而最後又說道不可說（盛稱道時儼然已知道是怎麼一回事，卻又聲明道不可說，顯然是個詭論）。可見道不可說如果成立，必然隱含上述這雙面性的詭論。由於這種詭論是隱式的（相對於前面所提及那些顯式的詭論，比較不容易被察覺，以至迄今也尚未看到其他論者有這方面的省悟）。

　　就是受制於這雙面性詭論，使得道不可說一類話語的持有者陷入了莫名的自我否定困境中，而不能或沒有理由反過來期待他人予以絲毫的認同或附和。這一點，《莊子》書的表現可高明多了：它並沒有將道虛渺化，而是以肯斷性的語言敘說道「有情有信，無為無形，可傳而不可受，可得而不可見」，且又「無所不在」，一切化生物無不「賅而存焉」[106]。既然道都有可說了，那麼逍遙境界豈會徒然逸出而空無化？因此，上面所引舊說有不知所向逍遙一意或別為虛擬逍遙境地的，全是契入不深的結果。而經過這般倒反前頭的說辭（指「因為逍遙境界有定而可以說實，所以道也是既經意指自然氣化過程確立而不容他人再以非可言說的抽象理則相對待」一語）後，道和逍遙境界的互體性更可以獲得堅確的證立。

　　其實，《莊子》書在首篇〈逍遙遊〉給逍遙境界定位時，是由大鵬和蜩／學鳩／

斥鴳的對比及其所喻包括宋榮子和列子在內各類人物都各有等待所反向導出來的。尤其所喻這部分的進趨「故夫知效一官，行比一鄉，德合一君，而徵一國者，其自視也亦若此矣。而宋榮子猶然笑之！且舉世而譽之而不加勸，舉世而非之而不加沮，定乎內外之分，辯乎榮辱之竟，斯已矣。彼其於世未數數然也；雖然，猶有未樹也。夫列子御風而行，泠然善也，旬有五日而後反。彼於致福者，未數數然也。此雖免乎行，猶有所待者也。若夫乘天地之正，而御六氣之辯，以遊無窮者，彼且惡乎待哉！故曰：至人無己，神人無功，聖人無名」[107]，倘若把它條列開來，則可以圖示如下：

一般人 ➜ 青年才俊 ➜ 宋榮子 ➜ 列子 ➜ 至人／神人／聖人
（待溫飽）（待成就）（待榮辱）（待風）　　（無所待）

因此無己／無功／無名就是人能曠觀研練到足以「乘天地之正，而御六氣之辯（變），以遊無窮」時的意態；而至人／神人／聖人則是他在那一番精進後所自然搏成的名號。

這在說明逍遙境界的備具性上已經相當清楚了，任何未經相似歷程的人都別想能輕易倖至（也就是無己／無功／無名的逍遙意態是要到了至人／神人／聖人轉有成階段才朗現的，自一般人以迄能御風而行的列子都無緣接近該境地）。而猶有不足，接著再分別以寓言倒次印證所說：

堯讓天下於許由曰：「日月出矣而爝火不息，其於光也，不亦難乎！時雨降矣而猶浸灌，其於澤也，不亦勞乎！夫子立而天下治，而我猶尸之，吾自視缺然，請致天下。」許由曰：「子治天下，天下既已治也，而我猶代子，吾將為名乎？名者，

實之賓也，吾將為賓乎？鷦鷯巢於
深林，不過一枝；偃鼠飲河，不過
滿腹。歸休乎君！予無所用天下為
！庖子雖不治庖，尸祝不越樽俎而
代之矣。」[108]

這不啻在解釋「聖人無名」的道理，內裏
蘊涵有「既然已經平治天下而成就了聖人
德業，就該反身無以取名」的意思（文中
「無所用天下為」當從這一深層義去理解）
，這樣就不會被聖名所拖累而不得逍遙自
在。

肩吾問於連叔曰：「吾聞言於接輿，
大而無當，往而不返。吾驚怖其言，
猶河漢而無極也；大有逕庭，不近
人情焉。」連叔曰：「其言謂何哉？」
曰：「藐姑射之山，有神人居焉……
其神凝，使物不疵癘而年穀熟。吾
以是狂而不信也。」連叔曰：「然……

之人也，物莫之傷，大浸稽天而不
溺，大旱金石流土山焦而不熱。是
其塵垢粃糠，將猶陶鑄堯舜者也，
孰肯以物為事！」[109]

這無異在解釋「神人無功」的道理，內裏
蘊涵有「既然已經可以使作物不受病蟲害
而年年豐收，甚至以所剩塵垢粃糠也能夠
陶鑄出堯舜來，又何必再拚餘力強以天下
為事或以物為事呢」的意思（以天下為事
或以物為事，都是無役不與；如此強攬功
或太任事的結果，勢必終至疲弊不堪），這
樣就不會被神功所困折而難以逍遙自在
（按：上述寓言後接有一小段「宋人資章
甫而適諸越，越人斷髮文身，無所用之。
堯治天下之民，平海內之政……窅然喪其
天下焉」[110]，這以有功而忘所功來跟以天
下為事或以物為事作對比，更能說明逍遙
自在就在神人無功的修為有成上）。

惠子謂莊子曰:「吾有大樹,人謂之樗。其大本擁腫而不中繩墨,其小枝卷曲而不中規矩,立之塗匠者不顧。今子之言,大而無用,眾所同去也。」莊子曰:「……今子有大樹,患其無用,何不樹之於無何有之鄉,廣莫之野,彷徨乎無為其側,逍遙乎寢臥其下。不夭斤斧,物無害者,無所可用,安所困苦哉!」[111]

這形同在解釋「至人無己」的道理,內裏蘊涵有「既然已經能夠壯大自我有如巨樹了,就當忘掉此一成就而忌諱別為牽念何處可以致用」的意思,這樣就不會被至己(了不起自己)所拘繫而無從逍遙自在(按:上述寓言前另有一同類寓言在講惠施有蓬心,道理相同)。

可見已有至己/神功/聖名而轉以無己/無功/無名歛心,人想及身超脫而徹底逍遙途徑就盡在此中了。這是終極關

懷「個體困窘」亟待化解所能預懸的終極
目標（沒有比它更終究極致的了）；而終極
真實「分別心和名利欲」就正卡在有己／
有功／有名欲進不進此終極目標前沿的坑
坎裏，得有後節所要談論的終極承諾「心
齋和坐忘」來予以救渡。

五、終極承諾「心齋和坐忘」

　　為了達到逍遙境界的終極目標，認同者必須有所謂過程義的自我承諾，以為邁向此一目標的憑藉。由於該承諾是無可替代且屬於究極性的，所以就比照著稱作終極承諾。

　　這終極承諾自以阻卻或消除「分別心和名利欲」此一終極真實為不可旁貸的己身任務，但空口說阻卻或消除容易而實際要如此行動卻又黏滯窒窒難當（誰能一想及就馬上可以做到呢），以至得別闢途徑來逐步踐履才有可能竟功致效。而這在《莊子》書，則特別拈出「心齋和坐忘」這項方便法門，作為人趨入逍遙境地所可以有的終極上的擔負。

　　心齋指虛而待物，坐忘指離形去知，彼此為一體的兩面（就像分別心和名利欲為一體的兩面一樣）。我們在了解它們可以有效的對治分別心和名利欲前，得先知道

那內裏理路相涉的轉折點。而這不妨從《莊子》書所給心齋／坐忘的境界說看起：

　顏回曰：「吾無以進矣，敢問其方。」
仲尼曰：「齋，吾將語若……」顏回
曰：「回之家貧，唯不飲酒不茹葷者
數月矣。若此則可以為齋乎？」曰：
「是祭祀之齋，非心齋也。」回曰：
「敢問心齋。」仲尼曰：「若一志，
無聽之以耳而聽之以心，無聽之以
心而聽之以氣。聽止於耳（耳止於
聽），心止於符。氣也者，虛而待物
者也。唯道集虛。虛者，心齋也。」
112

　顏回曰：「回益矣。」仲尼曰：「何
謂也？」曰：「回忘仁義矣。」曰：
「可矣，猶未也。」他日，復見，
曰：「回益矣。」曰：「何謂也？」
曰：「回忘禮樂矣。」曰：「可矣，

猶未也。」他日，復見，曰：「回益矣。」曰：「何謂也？」曰：「回坐忘矣。」仲尼蹴然曰：「何謂坐忘？」顏回曰：「墮枝體，黜聰明，離形去知，同於大通，此謂坐忘。」仲尼曰：「同則無好也，化則無常也。而果其賢乎！丘也請從而後也。」[113]

上面二則寓言所透顯的向道進益性，乃阻卻或消除分別心／名利欲的不二法門。也就是說，心齋就無所謂區別彼我／區別是非／區別生死和亟欲謀取利益／樹立權威／行使教化等；而坐忘也不可能區別彼我／區別是非／區別生死和亟欲謀取利益／樹立權威／行使教化等，全然在一番體道順道後整個人應化昇華而去，盡得一無待自適的逍遙形象。這裏頭實質的關係項（轉折點），則是心齋乃不知有自我的存在而坐忘也已跟造化合流，自是無從再驅使分別心和名利欲來殘生損性或惑亂志意。

　　還有這是一個「向道進益」的閱歷，所以相關的階次涵養或功夫修鍊，也一併在所得計慮的範圍內，讀者尤其不能略過。這在《莊子》書所能明示的，已見於上引文「無聽之以耳而聽之以心」／「無聽之以心而聽之以氣」和「墮枝體」／「黜聰明」等具體流程；此外就是向那至人無己／神人無功／聖人無名等境地去尋得身心的安頓。如：

　　魯哀公問於仲尼曰：「衛有惡人焉，曰哀駘它。丈夫與之處者，思而不能去也；婦人見之，請於父母曰……是何人者也？」仲尼曰：「……是必才全而德不形者也。」……哀公異日以告閔子，曰：「始也，吾以南面而君天下，執民之紀而憂其死，吾自以為至通矣。今吾聞至人之言，恐吾無其實，輕用吾身，而亡其國。吾與孔丘，非君臣也，德友而已矣。」

這是已修養到才全的至人階段，終因能德不形以呈現無己姿態而得逍遙自在的例子。哀駘它僅為一見證人，而普遍律的才全和德不形則見於上引文的省略中（補出是「死生存亡，窮達貧富，賢與不肖毀譽，饑渴寒暑，是事之變，命之行也；日夜相代乎前，而知不能規乎其始者也。故不足以滑和，不可入於靈府。使之和豫，通而不失於兌；使日夜無郤，而與物為春，是接而生時於心者也。是之謂才全」和「平者，水停之盛也。其可以為法也，內保之而外不蕩也。德者，成和之修也。德不形者，物不能離也。」[115]）。前者是內裏具備了天然的質性，後者是外在無所形現，以至天地莫不能容受，而自我也所適非常境了。又如：

南伯子綦遊乎商之丘，見大木焉有

異，結駟千乘，隱將芘其所藾。子
綦曰：「此何木也哉？此必有異材
夫！」仰而視其細枝，則拳曲而不
可以為棟梁；俯而視其大根，則軸
解而不可為棺槨……子綦曰：「此果
不材之木也，以至於此其大也。嗟
乎神人，以此不材！」宋有荊氏者，
宜楸柏桑。其拱把而上者，求狙猴
之杙者斬之；三圍四圍，求高名之
麗者斬之；七圍八圍，貴人富商之
家求樿傍者斬之。故未終其天年，
而中道夭於斧斤，此材之患也。[116]

精氣化生萬物乃有天神（最純化或最力強
精氣者）從旁促進，實有大功勞卻又不見
標榜，終而保存了那至上的化育成就（一
如商丘那棵盤根錯節的大木那般得享天
年）。而人能仿效天神（自成神人）事功大
到讓他人不敢逼視且又無所驕傲，就不會
反遭傷害（像荊地的楸柏桑那些樹僅中等

可用而又示獻於人就容易被砍去作器具），
所許逍遙自在的樂趣自然水到渠成。又如：

> 南伯子葵問乎女偊曰:「子之年長矣
> ，而色若孺子，何也？」曰:「吾聞
> 道矣。」南伯子葵曰:「道可得學邪？」
> 曰:「惡！惡可！子非其人也……
> （吾守之）參日而後能外天下；已
> 外天下矣，吾又守之，七日而後能
> 外物；已外物矣，吾又守之，九日
> 而後能外生；已外生矣，而後能朝
> 徹；朝徹，而後能見獨；見獨，而
> 後能無古今；無古今，而後能入於
> 不死不生。殺生者不死，生生者不
> 生。其為物，無不將也，無不迎也；
> 無不毀也，無不成也。其名為攖寧。
> 攖寧者，攖而後成者也。」[117]

聖人有大作為的才，還得有不求名聲的德
（上引文的省略中有「聖人之才」／「聖

人之道〔德〕」的區辨），才能逍遙自在。而要晉身此無名以得趨入逍遙境界的程序，則是外天下→外物→外生→朝徹→見獨→無古今→不死不生，最後一起朗現。據此至人無己／神人無功／聖人無名囊括了人所能得道的意態，徹底進臻逍遙一族。

從透過心齋／坐忘以阻卻或消除分別心／名利欲等功夫，到研練至人無己／神人無功／聖人無名等境地而徹底逍遙這個歷程，它的中間轉折和進益可能性還有可說的，約略就是「通道」問題。大體上，人能虛而待物／離形去知，自然可以齊彼我／和是非／一生死和了無權力欲，這已在前面所述「心齋就無所謂區別彼我／區別是非／區別生死和亟欲謀取利益／樹立權威／行使教化等；而坐忘也不可能區別彼我／區別是非／區別生死和亟欲謀取利益／樹立權威／行使教化等」一理中點出。但對於這又如何轉益為至人無己／神人無功／聖人無名等成就，則得有多一點的說

明。

基本上，《莊子》書不大可能只說到心齋／坐忘這一尚屬消極性的作為，它當還會許以積極性的進境才會滿足（一如它在相關取證上都習慣賦予階次理序），於是為心齋／坐忘找到至人無己／神人無功／聖人無名的出路也就沒什麼不理從義順了。換句話說，心齋／坐忘是基底，要轉成可稱道的至人／神人／聖人後才有成長壯盛的意義；而它的虛而待物／離形去知原性既在，當然可以在成長壯盛後一舉無己／無功／無名化。可見《莊子》書所規模的逍遙極境，再也沒有比這個理路更蘊蓄到家了。相較先驅老子曾經論及的「為道日損」[118] 減退方案，《莊子》書此一精進策略顯然強過太多。

至於另有一個研練的具體途徑及其終極形象超常的問題，也得一併述及，以見新讀《莊子》書者特能纖細入微的本事。前者（指研練的具體途徑），這在《莊子》

書中有直說，也有舉示。如：

以指喻指之非指，不若以非指喻指
之非指也；以馬喻馬之非馬，不若
以非馬喻馬之非馬也。天地一指也，
萬物一馬也。可乎可，不可乎不可。
道行之而成，物謂之而然。惡乎然？
然於然。惡乎不然？不然於不然。
物固有所然，物固有所可。無物不
然，無物不可。故為是舉莛與楹、
厲與西施，恢恑憰怪，道通為一。
119

庖丁為文惠君解牛，手之所觸，肩
之所倚，足之所履，膝之所踦，砉
然嚮然，奏刀騞然，莫不中音。合
於桑林之舞，乃中經首之會。文惠
君曰：「譆，善哉！技蓋至此乎？」
庖丁釋刀對曰：「臣之所好者道也，
進乎技矣。始臣之解牛之時，所見

無非牛者。三年之後，未嘗見全牛也。方今之時，臣以神遇而不以目視，官知止而神欲行……」文惠君曰：「善哉！吾聞庖丁之言，得養生焉。」[120]

第一則在闡發道通為一的道理（降低抽象程度則有稍後文所述的「**天地與我並生，而萬物與我為一**」一語），以為齊彼我／和是非／一生死等去除分別心張論；第二則為例證，以神進於技作比喻，提供實際上達的策略（想要「**遊刃有餘**」，捨「**依乎天理，批大郤，導大窾，因其固然**」[121]的長久摸索體察歷程而不可得）。這些雖然是各為一端，但指標明劃卻也可以概括其餘，而給研練的具體途徑定了基調，讀者不難想像契會。

後者（指終極形象超常的問題），《莊子》所提及成就道體後立顯有所進益形態的諸如至人／神人／聖人（真人）等典型

人物，多有超常的演出，不但能「上闚青天，下潛黃泉，揮斥八極」[122]，而且可以示現多種形象如地文／天壤／太沖莫勝／未始出吾宗等[123]，甚至還有本領像先前所引過的不食五穀／吸風飲露／大澤焚而不能熱／河漢沍而不能寒／使物不疵癘而年穀熟以及乘雲氣／騎日月（御飛龍）／遊於四海之外等神氣活現的自由往來存續天地間那般。這在後世神仙術（內外丹）尚未興起以前，顯然是不可解悟揣想的，而毋寧當它乃《莊子》書特為期待的合道表現。因此，從那是《莊子》書模擬寄望的無所拘束樣態角度切入，仍然無妨我們對它所提供其他「所能及」理路的全盤接受。

六、餘絮

　　《莊子》書所體現的思想觀念已詳述如上，此地當再出一節「餘絮」來統合書中各篇章的關連性及其未被細為董理的結構特徵。

　　首先看論題的訂定。《莊子》書除了內篇的論題自表大意，其餘包括外篇和雜篇在內的論題都取首句或首段二字或三字充數（不論是截取還是攝取或是添取），一如《論語》、《孟子》等被整理成書的取例，很明顯是要將內篇歸為莊子學說的代表作而自成一個系絡。這就有可被特別看待的地方：那就是依古來著作的慣例，以及結合當代結構語言學的衍繹，約略可知該論題蘊涵有「冀以服人」的命意特徵。如圖所示：

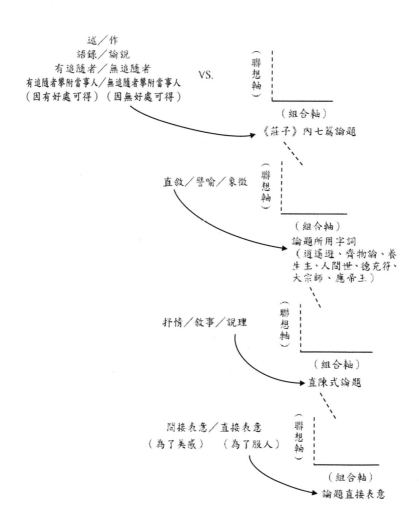

述／作
語錄／論說
有追隨者／無追隨者
有追隨者攀附當事人／無追隨者攀附當事人
（因有好處可得）（因無好處可得）

VS.

（聯想軸）

（組合軸）

《莊子》內七篇論題

直敘／譬喻／象徵

（聯想軸）

（組合軸）

論題所用字詞
（逍遙遊、齊物論、養
生主、人間世、德充符、
大宗師、應帝王）

抒情／敘事／說理

（聯想軸）

（組合軸）

直陳式論題

間接表意／直接表意
（為了美感）（為了服人）

（聯想軸）

（組合軸）

論題直接表意

古來著作的慣例有兩種情況：一種是屬
「述」，為「語錄」形態，內涵「有追隨者」，
而「有追隨者攀附當事人」（因有好處可得）
；一種是屬「作」，為「論說」形態，內涵
「無追隨者」，而「無追隨者攀附當事人」
（因無好處可得）。至於當代結構語言學，
則由索緒爾（Ferdinand de Saussure）《普
通語言學教程》所首創而後流行於世界各
地，它將具體可察的語序結構（言語組合）
和抽象存在的語言系譜（語音／語詞／語
法等規律聯想）區別開來，而視前者的可
能性來自後者提供選擇的機會 124。這無妨
藉以說明《莊子》內七篇論題訂定的緣由
乃作／論說／無追隨者／無追隨者攀附當
事人此一路數，並且予以分衍擴大到論題
所用字詞為直敘技巧的選用／直陳式論題
為說理範型的考量／論題直接表意為為了
服人計慮等細緻層面，可知《莊子》內七
篇特能代表莊子學說的一斑（其餘則見於

內裏的論說）。

其次看義理結構。《莊子》內篇環繞在作者所創發至人無己／神人無功／聖人無名等主題而議論，而外篇以下所述也幾近全在發揮該主題。這些在表淺層次示人以諧和自然為企求對象，跟《老子》無為守柔觀相呼應，俱為氣化觀致思的一面（另一面是儒家所著重的綰結人情）；而在深入層次則以獨為逍遙自在發想來提領可能的高華人生趨向（既能諧和自然又可自我安頓，最可挺立於天地間）。如圖所示：

至人無己／
神人無功／
聖人無名／

（內篇）
〈逍遙遊〉：無己無功無名
〈齊物論〉：喪我物化
〈養生主〉：善養精神
〈人間世〉：虛而待物
〈德充符〉：才全德不形
〈大宗師〉：離形去知
〈應帝王〉：無心任化

逍遙自在

至人無己／
神人無功／
聖人無名／

（外篇）
〈駢拇〉：不殘生損性
〈馬蹄〉：無為自化
〈胠篋〉：絕聖去智
〈在宥〉：放任無為
〈天地〉：原德成天
〈天道〉：無為德化
〈天運〉：自然無為
〈刻意〉：恬淡無為
〈繕性〉：恬知交養
〈秋水〉：無為反真
〈至樂〉：無為逍遙
〈達生〉：神完自化
〈山木〉：乘道德浮遊
〈田子方〉：全德形解
〈知北遊〉：至道玄解

逍遙自在

至人無己／
神人無功／
聖人無名／

（雜篇）
〈庚桑楚〉：去德累達道塞
〈徐无鬼〉：大備無求
〈則陽〉：言默兩忘合道
〈外物〉：外物不可恃
〈寓言〉：齊物無是非論辯
〈讓王〉：重養生輕富貴
〈盜跖〉：全真保生
〈說劍〉：不以小道亡國
〈漁父〉：法天貴真
〈列御寇〉：養神為主
〈天下〉：序作書旨意

逍遙自在

　　最後看義理結構的特徵。依一般認識論／邏輯學所示，相關的認識條件／邏輯規律等可以顯現在「有所說」和「無所說」兩種形態中。前者為知識（有真假可說）所從出，而知識又可從演繹或歸納而得到；後者有矛盾、不相干和循環論證等現象，則無知識可說。如：

〈逍遙遊〉：種大樹於無何有之鄉 〈人間世〉：畸形人能養身享天年 〈應帝王〉：為渾沌鑿竅而渾沌死 〈天地〉：象罔無心找到大道玄珠 〈至樂〉：妻死鼓盆而歌	矛盾互通 - - - - - - - -	《曹山本寂禪師語錄》：焰裏結寒冰，楊花九月飛，泥牛吼水面，木馬逐風嘶。[125]
（缺）	不相干 - - - - - - - -	《景德傳燈錄》卷五：僧問：「如何是佛法大意？」師（青原行思）曰：「盧陵米作什麼價？」[126]
（缺）	循環論證 - - - - - - - -	《景德傳燈錄》卷二十：僧問：「混沌未分時如何？」師（弘通禪師）曰：「混沌。」僧云：「分後如何？」師曰：「混沌。」[127]

《莊子》書，上引諸例全在矛盾範圍（相對的禪籍則走得更遠），於理無法構成有效的知識（來不及徵引的也都類似這種情況）。但它根據不同面向論述如何「逍遙自在」的途徑，則仍然有因果原理可說：也就是以「自然之道」為因而以得「逍遙自在」

為果（如同上引諸例以刻意製造矛盾現象
而促使人想及分別心的不當，從此知所回
歸順道自適的逍遙情境）。這更推衍到形上
原理（此為形上學的核心，包含第一原理
和因果原理等），固然有違第一原理（矛盾
律／排中律／同一律）而看似運作不順，
但它所據以成立的此一因果原理，卻又足
夠為它撐起已是另類知識或殊異知識的典
範形象（由前面所述整套的終極關懷在作
保證）。而這包括上面純說義理結構在內，
都可以從新藉來析辨《莊子》書的文化特
性及其在當今的無礙運用推想（詳後各章
次）。

【析辨】
一、《莊子》書的文化特性定位

　　透過對「自然之道」的體驗而轉出的「逍遙自在」意態，過場在至人無己／神人無功／聖人無名此一向道進益功能的發揮，少了它就不是前承「自然之道」也開展不了「逍遙自在」局面。

　　縱是如此，該至人／神人／聖人性的修為乃是在不違自然的前提下進行的，跟世俗所認定或設想類似的作風大不相同。後者是基於經營社會秩序的需求而賦予當事人相關「推己及人」／「博施濟眾」等仁聖的德能（以儒家為代表）；而前者則是緣於考量個體生命去處的立場而重許當事人應有的行徑。正如前面所舉證過的，至人以才全獲得別人的仰望，神人以大功贏得眾生的敬意，聖人以偉業博得羣氓的愛戴；他們都有搭配不殘生損性或惑亂志意的分寸拿捏本事（即使在實踐上會有向度

難以具體或明晰化的疑慮，但所懸原則仍然可以產生導引的功效），並且又能在驅策前進中不斷回應無己／無功／無名的隱聲籲請，雙雙體現道道而無待逍遙至理。

《莊子》書所摶成的這般學說，為了更好理解它，勢必要經由跟其他學說的對比才能一窺底蘊，而這不妨從它所透顯的文化性看起（然後才進一步找有關的對比項）：通常文化作為一個概括性的詞彙，總會看到它被論述得五花八門。在我們傳統上，從《周易》賁卦象辭「觀乎天文以察時變，觀乎人文以化成天下」[128] 有人加以擷取文化二字而寄寓人治教化的意思後，就多有影從的類似言辭，如「凡武之興，為不服也；文化不改，然後加誅」[129]、「設神理以景俗，敷文化以柔遠」[130] 和「文化內輯，武功外悠」[131] 等；而在西方見於晚近諸如英格利斯（Fred Inglis）《文化》、李威斯（Jeff Lewis）《文化研究的基礎》、巴克（Chris Barker）《文化研究———理論與

實踐》和考夫（Richard Caves）《文化創意產業———以契約達成藝術與商業的媒合》等專著 [132]，又更增多元論的意見，使得文化一詞無形中成了一個涵蓋眾多事物的龐雜體系的代稱。倘若精緻一點來看，文化所顯現的具動詞和名詞特性（前者為「正在文化」；後者為「已然文化」），它乃跟人類的精神表現密切連結在一起，所以把它當作是人類展現創造力的歷程和結果的整體，也就有「從新界定使它可以有效指稱而為我所用」的便利性。

　　藉由這樣的定義，我們自然能夠再順勢予以細加分衍，而有論者所統彙而可認同的文化次系統限定，包括終極信仰／觀念系統／規範系統／表現系統／行動系統等 [133]。當中終極信仰是指人類對宇宙人生究竟意義的關懷而將自己的生命所投向的最後根基（如上帝、佛和道等）；觀念系統是指人類認識自己和世界的方式且由此產生一認知體系和一套延續及發展他們認知

體系的方法（如哲學和科學等）；規範系統是指人類依據他們的終極信仰和對自身及對世界的了解而制定的一套行為尺度且比照這些尺度而產生一套行為模式（如倫理和道德等）；表現系統是指人類用一種感性的方式來表現他們的終極信仰／觀念系統／規範系統等而產生了各種審美性作品（如文學和藝術等）；行動系統是指人類對於自然和人羣所採取的開發和管理的全套辦法（如自然技術和管理技術等）。

　　在這一具涵蓋人類展現整體創造力歷程和結果的文化界義中，所隱約透顯出來的是先前曾提及的宗教形制成立後對終極實體信仰獨攬（且影響文化的歷程）一事的必要放鬆，而改由各層次承續搏成文化的面貌。以至那一更動後的關係圖，就可以另圖從新標出終極實體信仰／宗教／文化三者的分合情況 [134]：

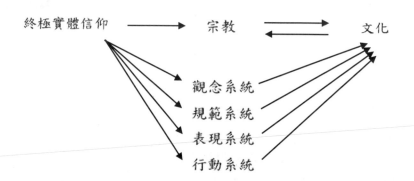

這更落實了那時的斷言「在精取上只要有終極實體信仰的存在（不一定要建立宗教形制），就有可能造成文化的事實；而我們也可以越過宗教形制，僅憑對終極實體的信仰而參與文化的締造和發展的行列」，而所發覺的「莊子學說就是這樣絕去或逸離宗教神秘經驗而獨自塑形的」也就能夠藉此布列展演的機會直接覷見它的文化性格。

此一文化性格，為了容易明白它的殊異特徵，還得回到文化各層次的實存狀況給予一番先置性或前提性的條理：依文化

五個次系統的編序，終極信仰是最優位的，它塑造出了觀念系統，而觀念系統再衍化出了規範系統；至於表現系統和行動系統，則分別上承規範系統／觀念系統／終極信仰等。如圖所示[135]：

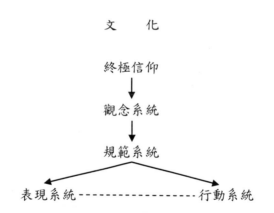

圖中表現系統和行動系統之間並無「誰承誰」的問題；但它們可以互通，所以用虛線連接。如管理技術所蘊涵的政治／經濟／社會等社會工程，跟文學／藝術等表現

彼此也能相涉，而有「政治藝術化」和「文學受政治／經濟／社會影響」一類現象的存在。如今所知《莊子》書體現出來的思想觀念，在這文化五個次系統的編序圖中無疑有它一定的位置。且看標誌：

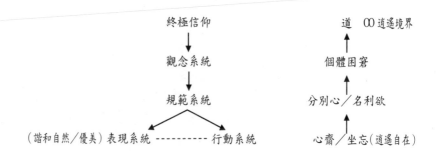

《莊子》書中的終極信仰「道」是無限通到終極目標「逍遙境界」的（也可以說終極目標「逍遙境界」是無限通到終極信仰「道」的），一起併列在終極信仰層次（中間用數學上的無限記號 ∞ 來銜接）；而終極關懷「個體困窘」，則屬於哲學認知範圍，為觀念系統所統攝；至於終極真實「分別

心和名利欲」及終極承諾「心齋和坐忘」
等，乃背離倫理／道德信條為反向規範系
統去制約和自我管理技術的發用而進駐行
動系統的界域，這都沒有可疑慮的。此外，
由心齋和坐忘所轉生的逍遙自在意態，實
踐時最足夠諧和自然而自動形現出優雅的
美感，這也同時完成了表現系統的一種演
出案例。可見莊子學說在參與文化的創建
上確是分衍了中國傳統氣化觀型文化的半
壁江山（另一半為儒家學說所創建），它的
特能諧和自然而無礙地球永續經營的此一
殊異文化性（相對他系文化的不能如此展
演來說。詳後相關章次），顯然大可挺立於
天地間而絲毫不必有任何的愧恧！

二、《莊子》書跟他系文化有關終極
　　關懷的差異

　　《莊子》書所示自我體道而無待逍遙
這一大有益地球永續的殊異文化性，要更
進一步肯斷它可由「特能諧和自然」轉為
「最能諧和自然」（如先前所論述）而從中
發用，就得透過跟其他學說的較量來予以
貞定證實，才有明確的準的足夠取信於人。
而這自以世界現存的另二系文化為對比項
最具競合效果：它們一個為西方創造觀型
文化一個為印度佛教興起的緣起觀型文化
，各取彼此同樣具有的終極關懷來進行比
較，前面所謂的「一窺底蘊」一事便能大
功告成。

　　先就各系文化整體學說取向的「系統
別異」來看，創造觀型文化相關知識的建
構（及器物的發明），根源於建構者相信宇
宙萬物受造於某一主宰（神／上帝），如基
督教教義的構設和古希臘時代形上學的推

演以及近代西方擅長的科學研究等都是同一範疇；氣化觀型文化相關知識的建構，根源於建構者相信宇宙萬物為自然氣化而成，如中國傳統儒道義理的構設和衍化等（儒家注重在集體秩序的經營／道家注重在個體生命的安頓）正是如此；緣起觀型文化相關知識的建構，根源於建構者相信宇宙萬物為因緣和合而生（洞悉因緣和合道理而不為所縛就是佛），如古印度佛教教義的構設和增飾（如今已傳布至世界五大洲）就是這樣。而這轉從終極關懷此一成套說詞的可細緻對比上著眼，則此三系文化的差異情況就可明為表列如下（創造觀型文化以顯露於最強勢的基督教的表現為代表）[136]：

類型 項目	創造觀型 文化	緣起觀型 文化	氣化觀型 文化
終極 信仰	上帝	佛	道
終極 關懷	原罪	痛苦	個體困窘／倫常敗壞
終極 真實	墮落	二惑和十二因緣	分別心和名利欲／私心私利
終極 目標	進入天堂	成佛	逍遙境界／仁行仁政
終極 承諾	懺悔和禱告	八正道	心齋和坐忘／推己及人

　　創造觀型文化傳統在信仰上帝的基督教徒身上所顯現的，他們所關懷的是人

的原罪。這是承自古希伯來的宗教思想。根據古希伯來宗教的文獻(主要是舊約《聖經》)所述,上帝以祂的形象造人,於是人的天性中都有基本的一點神性;但這點神性卻因人對上帝的叛離而隱沒,從此黑暗勢力在人間伸展,造成人性和人世的墮落(這由亞當、夏娃偷食禁果首開其端)。從基督教所拈出的原罪觀念來看,人都有與生俱來的一種墮落趨勢和墮落潛能,構成它的終極真實;但人都是上帝所造,都有靈體,所以又都有它不可侵犯的尊嚴。憑著後面這一點,人經由懺悔和禱告,就可以獲得救贖,死後進入天堂,永隨上帝左右(人可以得救,但有限度,永遠不可能變得像上帝那樣完美無缺)。因此,進入天堂就是基督教徒的終極目標,而懺悔和禱告尋求救贖就成了基督教徒應有的終極承諾。雖然如此,這種終極關懷的方式卻因為內質含有險巇成分而問題重重。我們知道,根據基督教的說法,人具有雙面性,

是一種可上可下的居間性動物。但所謂的可上卻是有限的，永遠無法神化；而所謂的可下則是無限的，且是隨時可能的[137]。由這一觀念，必然重視法律制度，一以防範犯罪；二以規範人的權利義務。西方的民主政治，就是從這裏展開（至於西方別有源自人性可上的一面的自由主義，那又另當別論）。至於西方的科學，也跟對上帝的信仰有關。西方人談真理，原有本體真理和論理真理的區分。前者指「實」和「名」相符（真理在事物本身）；後者指「名」和「實」相符（真理在觀念本身）[138]。由於事物不會有謬誤，只有人的觀念會有謬誤，以至本體真理勢必過渡到論理真理而為西方所存的唯一（強勢）真理。西方人為了讓名和實相符以獲得真理，自然要極力去求得客觀的明顯性（直接的客觀明顯性或間接的客觀明顯性）；於是就會特別重視觀察（並發明工具儀器以為資助）和理論推演（跟觀察形成一辯證的關係）。而為了取

得更客觀明顯性（最多是間接的客觀明顯性），多半要去追溯事物發生的原因；而事物發生的原因，最後又可以推到上帝的目的因（兼及動力因），而這才有事物的質料因和形式因的成立。這麼一來，就接上古希臘柏拉圖的理型（或亞里士多德的概念）哲學和中古多瑪斯的神學而為西方科學所從出；而西方人也以科學上的發現或科技上的發明為可榮耀上帝的體面事。然而，西方人所說的民主（等值的參與）卻很難實現（頂多做到局部的程序民主）、甚至弄巧成拙而出現假民主的現象（如當今的選舉制度所設重重關卡就是）。至於西方人極度發展科學的結果，造成核彈擴散、資源枯竭、空氣污染、水質污染、環境污染、臭氧層破洞、溫室效應和生態失衡等後遺症，早已預兆了人類將要萬劫不復，問題更為嚴重。因此，普受影響的他方社會如果不再悉心了解這種關懷方式的流弊而試為改向，那麼就得一起承擔苦果。

緣起觀型文化傳統在信仰佛或涅槃境界的佛教徒身上所顯現的，他們所關懷的是人的痛苦。這是佛教開創者釋迦牟尼從人類實存日日體驗到的無窮盡的身心逼惱（不快不悅的感受）而誓化眾生讓他們永遠脫離生死苦海的悲願所帶出的。而它不論是小乘佛教所偏重的個人苦還是大乘佛教所偏重的社會苦，都展現了一致的關懷旨趣。還有佛教所說的痛苦，具有相當的實在性（跟它相對的快樂就不具有實在性；因為快樂只是痛苦的暫時停止或遺忘而已）[139]，且遍及人身心的所有經驗（佛教對於苦的分類甚繁，最常見的有生老病死苦、愛別離苦、怨憎會苦、求不得苦、五陰盛苦等）。而造成這一痛苦的終極真實，主要是二惑（見惑和思惑，由無明業力引起）和十二因緣（生死輪迴）。最後必定逆緣起以滅一切痛苦和出離輪迴生死海而達到絕對寂靜境界為終極目標。而身為佛教徒所要有的終極承諾，就是由八正道（正

見、正思維、正語、正業、正命、正精進、
正念、正定）進入涅槃而得到解脫。縱是
如此，這種終極關懷的方式也因為捨離無
望而減卻了它的苦心孤詣。我們知道，佛
教所著重人的自清自淨雖然沒有給人間投
下什麼災難變數，但也不免曲為指引到令
人望而怯步或礙難踐行的地步。原因就在
拋開所有的執著並不是常人所能輕易做到
；而繁瑣的解脫法門也會讓人喪失耐性和
信心（雖然有所謂頓悟得道的，但一般人
卻都會苦於無處可悟）。畢竟人間社會永遠
是一個可欲的場域，無法阻絕人心的蠢動。
最後大家可能會發現它不但提不住人心，
還揭發更多可以供人思欲的情境。因此，
人間社會的擾攘和爭奪已經不是佛教單獨
出擊所能平息的了。

　　氣化觀型文化傳統在信仰自然氣化
道理的儒道信徒身上所體現的，他們所關
懷的有緣純任自然一路而來的個體的困窘
（不自在）和緣重視人倫一路而來的倫常

的敗壞（社會不安定）。前者是道家的先知老子、莊子等人透視人間世誘引個己的分別心和名利欲而遺留的夢魘後所考慮要除去的。這跟佛教徒的關懷對象類似，但著重點略有不同（詳後）。至於依附道家而又別為發展的道教，在既有關懷的基礎上又加了一項命限，也足以令人側目。當中道家所認定的困窘，基本上跟佛教所認定的痛苦無異（這也可以用來解釋佛教東傳中土所以一拍即合而廣泛引發迴響的原因），只是構成這一困窘的終極真實，多集中在較為明顯可見的分別心和名利欲上，彼此稍有差別。而道家信徒所要追求的終極目標，就是沒了分別心和名利欲的逍遙境界。而為了達到逍遙境界，道家信徒必須以心齋和坐忘等涵養為他的終極承諾。這在道教，又加了方術（如服食、燒煉、導引、內丹、符籙、禁劾和祈禱等）以保全人的神氣而長生不老。這比道家的作法，似乎又更進了一層。後者是儒家的先知孔子、

孟子等人考察人間世私心和私利橫行所造成而需要舒緩的惡跡。這跟道家的關懷對象可以構成一種對比，而跟基督教的關懷對象也可以互照出本質的差異（詳後）。原因是上述各教派所關懷的都在一己的罪愆、苦痛的救贖和解脫上，只有儒家獨在倫常方面著力。它以人倫的不和諧而導致社會的不安定為關懷對象，並且認定私心和私利是構成倫常敗壞的終極真實。如何扭轉，就在確立仁行仁政這一終極目標，而以推己及人（己欲立而立人，己欲達而達人）為終極承諾。這跟基督教顯然有絕大的差別：一個重視自覺自反；一個重視他力救贖。不僅如此，前者最終是要求得人倫的和諧（社會的安定）；而後者最終卻是要求得人神的安寧（這也同樣可以用來解釋基督教傳入後難以合轍而始終無法在中國社會生根發展的緣故），而這也跟道家（甚至佛教）構成一事的兩極：前者排除私心私利是為了生出公心公利；後者排除

分別心和名利欲是為了自我得以逍遙（即使是佛教去除所有執著而苦滅後不再有所作為，也難以跟儒家相比擬）。話雖然是這樣說，基督教、佛教和道家也不是不關心倫常的問題。它們以原罪意識來警告世人不可以叛離上帝的旨意、以苦業意識來消滅人心的惡魔孽障、以委心任運來帶領眾人齊往逍遙境界，也都是為了看到人間一片淨土、到處一片祥和；只是它們的考慮多了一個轉折，不像儒家那樣直就自己和他人的關係切入，一舉揪出倫常敗壞的原因及其對策 140。

　　經過上述相關終極關懷向度的對比，可知世界現存三大系文化各有自己的體性。這已無從追溯源頭（當代科普書喜歡用「創造力大爆炸」或「思想大爆炸」一類說詞來解釋人類知見的由來，這也許可藉為說明上面那些關懷的發生因緣而特准它們有靈光一現後自行發展的可能性），而歷來彼此在向對方或強或弱傳播的過程中也

始終未見有什麼實質上的相融情況（縱然有過局部涵化現象，但那也不過僅生效在一些表淺的制度運作或器物製造層面，更關鍵的精神意趣則全然礙難會通）。也因此，從實際存在的不可共量性，我們還可以歸結出各自的整體知識性徵為創造觀型文化講究挑戰自然／媲美上帝、緣起觀型文化講究自證涅槃／解脫痛苦、氣化觀型文化講究綰結人情／諧和自然；而在倫理取向上則又分別體現出縱欲、斷欲和節欲的差異，彼此形成一道封閉性的光譜：

創造觀型文化	氣化觀型文化	緣起觀型文化
挑戰自然／媲美上帝	綰結人情／諧和自然	自證涅槃／解脫痛苦
縱欲	節欲	斷欲

很明顯在光譜兩端的文化體系都逸出了特能諧和自然的範圍（創造觀型文化以挑戰自然姿態大肆破壞環境生態早已是惡名遠播，而緣起觀型文化崇尚棄世解脫釀致人

所該有促成生態平衡發展的努力全無也難以給予原諒），只有居中的氣化觀型文化知所調節一切而保存了生態的和諧性。當中又以道家學說最能表徵氣化觀型文化重視諧和自然的一面；而莊子學說乃為道家學說的提領者，以至所見於《莊子》書體現出來的思想觀念就成了最能諧和自然的不二判例。它終將要從新介入被他系文化搞糟了的世界的運作，才庶幾可望挽救環境生態快速邁向崩毀臨界點的危機（詳後相關章次）。

三、自我體系內部的競勝問題

在最為切要的維持生態平衡這件事上，創造觀型文化逆向而行自是太過，而緣起觀型文化荒怠以對也算不及；過猶不及／不及猶過，都沒有可以取則的地方。但當今卻有不少認識不清的言論，諸如雷夫金（Jeremy Rifkin）《能趨疲：新世界觀二十一世紀人類文明的新曙光》、赫基斯（Bradley K. Hawkins）《佛教的世界》和賈許（Gray Gach）《佛教一本通》等[141]，一逕的讚許後者反可藉來發揮警世或淑世的功能，這就不能不先作點分辨。

大體上，緣起觀型文化很難想像能夠將它推上改革風尚的舞臺。理由是它的空苦解脫教義，縱使也展現了一種足以跟創造觀型文化所見天國觀念相抗衡的高尚蘄嚮，但它卻又走上了另一個完全棄執的極端；這不但少有人能夠契會且實踐無礙，而且還把特別繁雜的眾多人倫及其權益糾

葛等問題蔑視不提，自然無法應驗於現實
環境。只是它早已在中土社會生根發芽了
（前後成立過成實宗、俱舍宗、三論宗、
法相宗、律宗、淨土宗、密宗、天臺宗、
華嚴宗和禪宗等宗派），同時具有攏總衍繹
教義效果的大小乘經論諸如《長阿含經》、
《中阿含經》、《增壹阿含經》、《雜阿含經》、
《般若經》、《華嚴經》、《法華經》、《涅槃
經》、《勝鬘經》、《解深密經》、《秘密法經》、
《陀羅尼經》、《金剛經》、《維摩詰經》、《楞
伽經》、《圓覺經》、《阿彌陀經》、《無量壽
經》、《觀無量壽經》、《大毘婆沙論》、《俱
舍論》、《唯識十二論》、《大乘五蘊論》、《瑜
伽師地論》、《攝大乘論》、《大智度論》、《百
論》、《中論》、《十二門論》、《大乘起信論》
和《淨土論》等也都點滴進駐了人心，以
至要說它「更難想像能夠推上改革風尚的
舞臺」，就得有更充足的解說來釋疑。

　　就以緣起觀型文化傳入中國為例，它
那一臻致涅槃寂靜境界的終極解脫理想，

並未真實受到感應而得著普遍實踐的機會（很難想像在印度嘗見的瑜伽行苦修也能夠移植且大為風行），倒是它的消業觀念和唸佛法門等俗諦掀揭特別吸引人，從中彌補了氣化觀型文化所說人死還原為精氣後不定會在另一時空再行聚合成人的不足，以及多了眾佛的庇佑力量可以增加一層安於死亡的保障。因此，國人很少參透稍早菩提達摩東來跟梁武帝對話中所流露的信息：

　　帝問曰：「朕即位以來，造寺寫經渡僧不可勝紀，有何功德？」師曰：「並無功德。」帝曰：「何以無功德？」師曰：「此但人天小果有漏之因，如影隨形，雖有非實。」帝曰：「如何是真功德？」答曰：「淨智妙圓，體自空寂，如是功德，不以世求。」

142

梁武帝向來從事的正是國人所一致耽念且企圖強為踐履的；而菩提達摩拈出的「淨智妙圓，體自空寂」實為佛教徒修行的最終標的，反成了國人解會上的障礙而始終罕見相應的表現。但試想如果國人真的走上了那一終極解脫的道路，又會怎樣？恐怕屆時所有的政治體制、社會組織、家庭結構和經濟形態等都要崩解，而迫使大家一起虛無流散！是否也由於有這種疑慮，致使國人寧可護住本有的東西而摒棄緣起觀型文化的介入干擾，從而讓它停留在個人練性或倫理分合層面產生理論疏通上的作用。這麼一來，要再從新召喚緣起觀型文化來益世或淑世，有此「前車之鑑」當然就可以判定它少了現實可用的基礎。

我們看，創造觀型文化所蘊涵的窮為發展科學一項，乃是為挑戰自然／媲美上帝（想成為上帝第二）而導致耗能縱欲的下場，這固然無法靠它來保障人類的明天，但相對的緣起觀型文化所崇尚的解脫痛苦

／自證涅槃而趨向斷能去欲一途，卻又難符人性而走進了死胡同，二者都不合為世人藉以安身立命的價值選擇。[143]而這要針對緣起觀型文化的表現深入加以指瑕，則不妨借鑑一個攸關生態平衡的食物鏈問題來說它的弊病所在：緣起觀型文化極力標榜不殺生造業理念且自我內部普遍在實踐著，這看來有一分難得的悲憫情懷。只是它忽略了人本身是生態的一環，他理當要跟其他生物一樣盡心力於食物鏈的運轉而更知所量距維持生態的平衡。如今因為自己堅持不殺生而從中抽身，這就破壞了食物鏈的恆定性而造成物類的增減無度，最後相似的迫使自我也影響大家走上紊亂危害生態的末路。

相對的，所見於氣化觀型文化的諧和自然作風就不是這樣。它的節欲觀念在前，只謹守不過分擾動萬物的自然生存此一原則，此外就無妨於適度的殺生。這所見底發用的平衡生態策略，顯然是最為合理可

從（既不會像創造觀型文化那樣縱欲的去戕天役物而毀棄生態，也不致像緣起觀型文化這般斷欲的阻絕物我連結而失序生態）。而為了凸出莊子學說的尤為擅長護住生態的平衡性，還可以藉機看看它在自我文化內部是如何的競勝出奇。

先說它對平衡生態的有效作法。在精氣化生萬物此一觀念的前提下，《莊子》書所強調必要有的「天地與我並生，而萬物與我為一」或「萬物皆一也」[144]視野，自是緊相扣合而無慮一致到底。在這種情況下，人作為僅是一單位的精氣化生物，跟眾多單位精氣化生物聚合而成的天地相比，就顯得渺小而在相對上「無所逃於天地之間」[145]（更何況此中能力更強的精氣如天神還可能對人的化生及其命運有某種程度的制約作用呢）。但在這一難以漠視的生態結構裏還存著生物「相互需索」的易動事實無法被一筆抹除，致使帶循環性的食物鏈現象也就沒有理由不讓它在眼前漫布

開來。《莊子》書深知這一點，所以從來未曾阻止或喝斷對有材山木被砍伐和無材雁鴨遭宰殺一類事件的發生；同時對於「螳螂捕蟬，黃雀在後」此一有關強者窺伺弱者的天然戲碼演出，更沒有能力去片面設限[146]。雖然如此，以人的智能卻可以發展「自處之道」而不再屢受外在環境的束縛；那就是不以材或不材為念以及沒有利欲存心，自然便能免去物累而浮游於塵垢外逍遙自在了。《莊子》書所開發的這種在無可除卻物質需求中隨時衡酌踩煞車而歸返本真（順道而行）的應世策略，對於平衡生態來說果效理應是最為卓著的；否則一旦有孤注一擲的強加人力或棄捨人力（前者如創造觀型文化的作法；後者如緣起觀型文化的作法）而造成生態的傾斜崩壞，那最後就連己身也難有歸宿了。

　　再說它在自我文化內部的競勝情況。前面說過儒家特能「直就自己和他人的關係切入，一舉揪出倫常敗壞的原因及其對

策」，這好像是要肯定儒家的主張可以在自
我文化內部競勝出奇，其實那只不過為了
方便引類對比，並無意據此來貶低道家的
地位。我們知道，儒家不是不注重諧和自
然這一面（同樣的道家也不全然否定縮結
人情的重要性），所謂「巍巍乎，唯天為大，
唯堯則之」[147]、「親親而仁民，仁民而愛物」
[148]和「致中和，天地位焉，萬物育焉」[149]
等，都在強調諧和自然也是應該努力的目
標，只是它在相對上更為看重縮結人情的
一面。畢竟人的資質不齊（精氣／靈體的
純度有差），不設立規矩來範限大家的行為
，那人間社會就很難可以秩序的運作。倘
若從後面這個角度來看，道家信徒的終極
關懷緣於無意向外推拓建立法制以防止人
的叛離，它的曲為思考性（要藉個體的普
遍自求逍遙轉而希冀人間社會的擾攘紛爭
自動消弭於無形）大體上會難見成效，只
剩儒家信徒的終極關懷在現實中可以被多
加指望成真。換句話說，儒家提出仁行仁

政來指引人向上一路，並不是要剝奪人的私心私利，而是要喚醒大家能推己及人，轉而出現公心公利。這樣要求人（即使好樂、好貨、好色，也無礙於仁行仁政的施行），總比佛道要求人去除欲望來得容易（要人不好樂、不好貨、不好色，簡直難如上青天）。再說儒家沒有講究民主，不及基督教吸引人，這也不構成儒家的弊病。因為儒家原有一套理想社會的設計：「大道之行也，天下為公。選賢與能，講信修睦。故人不獨親其親，不獨子其子。使老有所終，壯有所用，幼有所長，矜寡孤獨廢疾者皆有所養。男有分，女有歸。貨惡其棄於地也，不必藏於己；力惡其不出於身也，不必為己。是故謀閉而不興，盜竊亂賊而不作，故外戶而不閉，是謂大同」[150]。不論採用那一種制度，只要做到以上所說各項利己利人的措施，都是儒家所讚許的。只不過歷來還沒有一個時期實現過這個理想，以至讓某些不明究裏的人誤以為儒家

已經過時了。其實，儒家正有待開展，它將會是人類免於沉淪的極佳保證。至於儒家沒有提倡科學，不像基督教有可以榮耀上帝的憑藉，但這也不是什麼值得遺憾的事；倒是不提倡科學（指西方式的科學），使人類得以長久的綿延下去。因此，重拾這種終極關懷就特別具有時代的意義，它還會是未來照見人類前途的「一盞明燈」[151]。道理自然是這般伸展最為妥適，而我們也不必否認氣化觀型文化終究要以儒家這一套思路觀念從新介入現實事務的運作才有助於世界秩序的重建；但對於個別人身心亟須安頓這一屬於理應優先建立的前提，道家所呈現的一切仍是最具高標蘄嚮，只要人的質差可以不斷在教化中縮小，一個應道而形現的和諧性社會是大可期待的。也就是說，當儒家所要營造的大同世界無法一步到位時，道家勢必得加進來一併冀望它發揮功效；而由於那是隨時有需求也是修行有可能成功的，所以它的可盼值高

過儒家也就無可置疑了。

　　此外，道家的後續發展所衍生的道教神仙術別業，在摹塑類如《莊子》書中所明許的至人／神人／聖人（真人）等進益形態上不論已有多少煉養有成的案例（詳見劉向《列仙傳》、葛洪《神仙傳》、沈汾《續仙傳》、杜光庭《墉城集仙錄》和曾慥《集仙傳》等）[152]，都因為裏頭還摻雜諸如仙命／仙德一類為人所難以掌控的變數，不切實際性遠超過《莊子》書所立典則的範圍，難可指望它可以在此時此刻優人來速成風尚。至於從先秦時代就相繼興起的陰陽、法、名、墨、縱橫、雜、農和小說等家數，各自的學說或依違於儒道兩家，或自鑄卻不免踦駁互見，本身已難以充當氣化觀型文化的表徵，更別說還有什麼機會再現曾有過片面激動人心的絲毫風華。顯然此地所確立的道家可以在自我體系內部競勝出奇一事，不啻懸為析辨這類課題的指標；而至此深具代表性的《莊子》書

必要出格重被世人所肯認的理由，自然也
稱得上是足夠充分了。

【運用】
一、所蘊涵藝術精神的持續發皇

前人對於儒道兩家學說的評論，多有一強比誰較殊勝的看法。如「道家使人精神專一，動合無形，瞻足萬物。其為術也，因陰陽之大順，采儒墨之善，撮名法之要，與時遷移，應物變化，立俗施事，無所不宜，指約而易操，事少而功多」[153]，這就獨許道家冠絕羣倫；又如「儒家者流，蓋出於司徒之官，助人君順陰陽、明教化者也。游文於六經之中，留意於仁義之際，祖述堯舜，憲章文武；宗師仲尼，以重其言，於道最為高」[154]，這就讚譽儒家最為崇隆。彼此立足點不同，當然就會各自得出相異的結論。如今我們要再作這樣的較量而更顯高價值，除了類似上述那一關係學術衝擊力道無妨再予援引，此外應當特別將它置於現今人類的處境來作誰有較優先或較多需求的研判，才能顯示知所與時

俱進的意義。而這則有一個「所蘊涵藝術精神的持續發皇」的額外過場得先處理，以便足夠看出莊子學說轉出內部後可一併發揮多重性的效用。

　　歷來論者凡是論及中國藝術精神的緣起，幾乎都異口同聲的歸結到莊子學說所體現那一使人自由解放的逍遙意趣。只是這意趣原僅限於身軀的調適，究竟如何轉為藝術創作所可用的資源，則還要有更多的理由說服人（並非已能不證自明了）。倘若要說那種藝術精神來自有意的被喚起，那麼儒家那邊所見某種程度對藝術的蘄嚮，也當有它的可係聯面（不定要到莊子學說出現給予啟發才完成這個遙對的儀式），好比「志於道，據於德，依於仁，游於藝」、「樂，其可知也。始作翕如也，從之純如也、皦如也、繹如也，以成」和「『點，爾何如？』鼓瑟希，鏗爾，舍瑟而作，對曰：『異乎三子者之撰。』子曰：『何傷乎？亦各言其志也。』曰：『莫春者，春服既成。

冠者五六人，童子六七人，浴乎沂，風乎
舞雩，詠而歸。』夫子喟然歎曰：『吾與點
也！』」等全出自《論語》一書的向藝游藝
話語[155]，一點也看不出儒家有短少藝術的
機趣（而是要讓道家去獨撐那美感益身的
局面）。反倒是作為道家思想表徵的《莊子》
一書，如先前所述它在消解一般知識後，
已無可認取的任何邏輯規律，想要從中開
出一條依然有理性制約的審美路數[156]，則
不啻會過於牽強而自我拘囿窘迫，這恐怕
不是一再強調美醜妍媸得「**道通為一**」[157]
的莊子所能想像的。

　　縱是如此，《莊子》書在開展論域上卻
自有它的規範（有善／惡可說）和審美（有
美／醜可說）等意義。也就是說，能泯除
認知上真／假的對立，而進入一無所分辨
的超越狀態，就不可能起惡心用知識傲人
或壓迫宰制人；而能去除真／假認知的畛
域，人也才能對萬物無所不欣賞而有恆久
的美感（這是順理而說，不關《莊子》書

裏所批判的善／惡觀或美／醜觀的對待性）。此為儒、陰陽、法、名、墨、縱橫、雜、農和小說等各家學說所未見，也不在西方哲學所可以肯認或引為同道的範圍。古來中國藝術如有源自這裏，自然要從這一緣「以言遣言」或「蕩相遣執」以求逍遙自在的角度去理解，僅在藝術內涵起作用（形式／技巧則有強調文飾以為縮結人情的儒家可以隸屬），而不宜奢言及於技藝。

　　就以大家所盛道的繪畫寓趣為例，所謂「古云：畫者，聖也。蓋以窮天地之至奧，顯日月之不照。揮纖毫之筆，則萬類由心；展方寸之能，則千里在掌，豈不為筆補造化者哉」[158]這一功能，可說是事實俱在，我們當可理解；而有關畫者自己想要藉作畫來寄閒情或陶心性，也已不乏見證性言論（如「高人曠士，用以寄其閒情；學士大夫，亦時彰其絕業」[159]、「學畫所以養性情，且可滌煩襟、破孤悶、釋躁心、

迎靜氣」[160]和「畫雖藝事，古人原借以為
陶淑心性之具，與詩實同用也」[161]等）。
但對於繪畫所存技藝難得一事，卻也不能
輕易放過。正如底下兩則文獻所可以藉來
反觀的：

> 畫之為藝，世之專門名家者，多能
> 曲盡其形式；而至其意態情性之所
> 聚，天機之所寓，悠然不可探索者，
> 非雅人勝士，超然有見乎塵俗之外
> 者，莫之能至。[162]

> 營邱李成世業儒，胸次磊落有大志，
> 寓意於山水。凡煙雲變滅，水石幽
> 閒，平遠險易之形，風雨晦明之態，
> 莫不曲盡其妙。[163]

山水畫為情性天機所寄寓固然毋須疑慮，
但有關連帶舉重的「曲盡其妙」或「曲盡
其形似」此一技藝，卻非得從千錘百鍊中

習獲而沒有可以僥倖投機的地方。這麼一來，莊子學說的密意傳導就有可能在這層層形式／技巧的研練裏淡薄稀釋了去，從此不再盡保那純然的逍遙意態。

　　結論是莊子學說論理不會開出如許多論者所說的中國藝術精神（詳見劉若愚《中國詩學》、錢鍾書《談藝錄》、宗白華《美學的散步》和徐復觀《中國藝術精神》等）[164]，但因為它的道術能夠服人，所以被原就存在的詩歌／音樂／繪畫等所吸收而成為內容的一部分，爾後相關外在技藝（美感的重要成分）的演變，仍為自屬系統的繁衍，而跟《莊子》一書無關。就這個層面來說，如果莊子學說還擔得起論者所賦予的偌大任務，那麼寄予「所蘊涵藝術精神的持續發皇」此一厚望，也就理所當然的想預見它功效的發生。

二、將諧和自然的文化特性引為應世良方

對於運用莊子學說僅及「所蘊涵藝術精神的持續發皇」一理並非究竟，它還得順勢「將和諧自然的文化特性引為應世良方」才見徹底。也就是說，研讀《莊子》書而深透它所體現的思想觀念後，能夠進一步後設考慮「何處用武」的價值課題，則不啻是稟知逾常而可以廁入善讀者一族；而這所能擇取的對象無異在它特知諧和自然此一文化特性，引以為應世最足以對治化解緣西方創造觀型文化的戡天役物且普世化所造成的能趨疲危機。

這意味著特知諧和自然是《莊子》書在當今的意義價值定位，從此一殊異面向據為對諍西方創造觀型文化的窮逞技能造成舉世危機四伏的災厄問題，在相當程度上可以獨顯濟渡拯救人類的作用，顯然是要多加強調踐履，才有助於世界秩序的重

建。由於這是特別針對取用資源而設想的，凡是逆反諧和自然原則的都沒有免疫性。而現今尤其令人擔憂的就是來自西方人所帶動耗能的風潮：他們一邊自我縱欲一邊激勵大家相互看齊，一起走向不可再生能量即將飽和（正熵）而使地球陷於一片死寂的臨界點。

西方人所以會這樣騎虎難下式的主導全局，主要是他們配合上帝信仰而一起稟受的原罪觀演繹成普同幻想所促成的。也就是自從原罪觀被基督教徒定為典律後，就不斷地繁衍出人的必然死亡和尋求上帝救贖的塵世急迫感，終而演變成當今全球化後遺症不停抵銷浮華榮景的難堪局面（相對的，同為創造觀型文化支裔的猶太教和伊斯蘭教，由於沒有原罪觀念，所以就少了後續的衍變）。換句話說，正因為有原罪教條的強為訂定，所以導致基督教徒必須倚賴救贖而出現明顯的不安於世狀態。這種不安於世的積重難返，就是到了十

六世紀宗教改革後新教徒（並刺激帶動舊
教徒）的相關反應的逾量表現：新教徒脫
離舊教教會後所強調的「因信稱義」觀念，
為了有助於在現實中謀生和爭取較高的社
會地位，逐漸演變成要以在塵世累積財富
和創造發明（包括哲學、科學、文學、藝
術和制度等的建樹翻新）來榮耀上帝或當
作特能仰體上帝造人「賜給他無窮潛能」
的旨意而不免會躁急蹙迫；尤其是在為了
快速致富的資本主義和方便掠奪資源以供
體制順利運作的殖民主義等隨著矯為成形
後，更見這種過度的煩憂。由於舉世都還
不熟悉這套謀生兼解脫方式，所以在新教
徒締造現世巨大成就以及武力殖民取得支
配優勢後，他們就自然孳生出了一種優選
觀。而這一觀念既然定型了，相伴的殖民
災難隨後四處蔓延，一直到今天仍未稍見
緩和（過去是靠軍事殖民，現在是靠政治、
經濟和科技殖民）。如圖所示[165]：

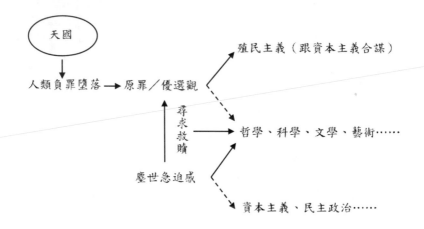

　　資本主義和殖民主義合謀後，就是全
球化噩夢的開始。我們看，追求富足／進
步／榮光原是西方人的現世指標，但當全
球被納入一個價格均一、競爭標準統一和
全面規模利潤的考量等整合計畫裏時，所
有的地緣經濟和地緣金融等就會向社會輻
射擴散，而被普世所崇尚，以至像馬特拉
（Armand Mattelard）《文化多元性與全球
化》所指出的「全球經濟一詞蛻變成為表

達及感受世界命運的統一媒介」[166]，也就
儼然如實成形了。但這樣的全球經濟越演
越烈，所造成的耗能及其生態危機，除了
不能保證持續繁榮，還更根本的威脅到生
存，而這卻沒有一併被計算在內。

以耗能來說，最驚悚的莫過於全球油
源正快速耗盡，預估到 2040 年就一滴不剩
了。還有其他原物料也正邁向絕對頂點，
如銻、銦、鉛、銀、鉭、錫和鈾會在二十
年後告罄；鉻、銅和鋅不到四十年就會用
完，鎳和鉑將緊接在後。此外，糧食和水
也早就供應不及了。而以生態危機來說，
本來我們生存的美好星球，現在綠洲一點
一滴地消失而沙漠日漸蔓延、因為燃燒石
化燃料使得地球升溫將近一度、南北極冰
層隨著溫度攀升一直在緩慢融解中、許多
河川的流量遽減和廣大冰原迅速的消退、
熱帶地區的風暴威力更強大和海水由於人
類的高排碳量而變酸了三成，以及各種化
學物質和廢棄物的汙染等，導致全球性的

大災難隨時可能會發生。

上述這些，經過李柏（Stephen Leep）《石油玩完了》、麥奇本（Bill McKibben）《地球‧地殊：如何在變質的地球上生存？》、巴洛（Maude Barlow）、克拉克（Tony Clarke）《水資源戰爭：揭露跨國企業壟斷世界水資源的真實內幕》、盧米斯（Erik Loomis）《外包災難：揭穿大剝削時代商品與服務背後的真相，透視資本詭計的高 CP 值迷思》和包曼（Zygmunt Bauman）《廢棄社會：過剩消費、無用人口，我們都將淪為現代化的報廢物》等的蒐證警訊[167]，理應要廣為人知了。但遺憾的是，西方人明知這是他們所種下的惡果，卻沒有誠意改善，不但連帶鼓動全世界參與耗能的行列，還不斷以開發新能源且美其名為綠色經濟的新資本主義領航[168]，繼續在猛闖地球潰爛的傷口！

全球化本身就是一個爭奪資源和窮耗致禍的歷程；而它一切向錢看的畸形倫

理，也早把人性扭曲到無以復加的地步。好比為了裁員，倫敦一家保險公司乾脆啟動警報系統佯稱火警，等全數人自動離開座位後，所有被裁員工的晶片都失效了。另外，美國一家投資銀行在旗下的倫敦分行舉辦樂透抽獎，抽到「Ｏ」的人就必須自行離職[169]。這還只是系統內部的社會達爾文主義式的殺伐，倘若再擴及西方跨國企業的到處掠奪，那麼留給當地社會的豈止是一個血淋淋的創傷可以道盡！

從種種跡象來看，全球化再不逆反，而資本主義和殖民主義再不停止，人類就要相互毀滅而地球也即將萬劫不復了。而這應對，最根本的就是西方人得自覺及非西方人得促其省悟而淡化對原罪的信念，從此把嚮往天國的熱情轉移到對塵世的愛護，別為思考其他成神的解脫辦法，讓大家能夠安心的在地球生存。至於另外兩系文化中人，也得脫離大意陷落被連累遭「神控」的色彩，重返自己原有的航道，才庶

幾可望計及最終的解脫 [170]。在這種情況下，重拾且積極推廣氣化觀型文化所體現於《莊子》書特知諧和自然的作法，也就成了此波自渡和濟世不可或缺的途徑，怠慢了就得等著一起淪落萬劫不復的痛苦深淵！

【摘 錄】

一、關於道的

　　若有真宰，而特不得其朕。可行已信，而不見其形，有情而無形。百骸、九竅、六藏，賅而存焉，吾誰與為親？汝皆說之乎？其有私焉？如是皆有為臣妾乎？其臣妾不足以相治乎？其遞相為君臣乎？其有真君存焉？如求得其情與不得，無益損乎其真。（〈齊物論〉）

〔注釋：真宰，道的別稱。朕，痕跡。〕

　　道隱於小成，言隱於榮華。故有儒墨之是非，以是其所非而非其所是。欲是其所非而非其所是，則莫若以明。（〈齊物論〉）

〔注釋：隱，掩蔽。小成，小成就。榮華，浮華巧飾。明，明辨。〕

　　惠子謂莊子曰：「人故無情乎？」莊子

曰：「然。」惠子曰：「人而無情，何以謂
之人？」莊子曰：「道與之貌，天與之形，
惡得不謂之人？」惠子曰：「既謂之人，惡
得無情？」莊子曰：「是非吾所謂情也。吾
所謂無情者，言人之不以好惡內傷其身，
常因自然而不益生也。」惠子曰：「不益生，
何以有其身？」莊子曰：「道與之貌，天與
之形，無以好惡內傷其身。今子外乎子之
神，勞乎子之精，倚樹而吟，據槁梧而瞑。
天選子之形，子以堅白鳴！」（〈德充符〉）
〔注釋：道，自然氣化過程。天，天神（助
力者）。益生，攝生或養生。〕

夫道，有情有信，無為無形；可傳而
不可受，可得而不可見；自本自根，未有
天地自古以固存；神鬼神帝，生天生地；
在太極之先而不為高，在六極之下而不為
深；先天地生而不為久，長於上古而不為
老。（〈大宗師〉）
〔注釋：自本自根，自我存在。神鬼神帝，

生鬼神天帝。〕

　　人之生，氣之聚也。聚則為生，散則
為死。若死生為徒，吾又何患？故萬物一
也。是其所美者為神奇，其所惡者為臭腐。
臭腐復化為神奇，神奇復化為臭腐。故曰
通天下一氣耳，聖人故貴一。(〈知北遊〉)
〔注釋：一，一體或齊一。〕

　　東郭子問於莊子曰：「所謂道，惡乎
在？」莊子曰：「無所不在。」東郭子曰：
「期而後可。」莊子曰：「在螻蟻。」曰：
「何其下邪？」曰：「在稊稗。」曰：「何
其愈下邪？」曰：「在瓦甓。」曰：「何其
愈甚邪？」曰：「在屎溺。」東郭子不應。
(〈知北遊〉)
〔注釋：無所不在，自然氣化遍及萬物。
期而後可，請指出具體方向。〕

　　天下之治方術者多矣，皆以其有為不

可加矣。古之所謂道術者，果惡乎在？曰：
「無乎不在。」曰：「神何由降？明何由出？」
「聖有所生，王有所成，皆原於一。」……
後世之學者，不幸不見天地之純、古人之
大體，道術將為天下裂。(〈天下〉)
〔注釋：神，神聖。明，明王。一，純一
的道體。〕

二、關於整體逍遙的

若夫乘天地之正，而御六氣之辯，以遊無窮者，彼且惡乎待哉？故曰：至人無己，神人無功，聖人無名。(〈逍遙遊〉)
〔注釋：乘，駕馭。正，不變的道體。御：順應。六氣，陰陽風雨晦明。辯，變化。〕

堯讓天下於許由曰：「日月出矣而爝火不息，其於光也，不亦難乎！時雨降矣而猶浸灌，其於澤也，不亦勞乎！夫子立而天下治，而我猶尸之，吾自視缺然，請致天下。」許由曰：「子治天下，天下既已治矣，而我猶代子，吾將為名乎？名者，實之賓也，吾將為賓乎？鷦鷯巢於深林，不過一枝；偃鼠飲河，不過滿腹。歸休乎君！予無所用天下為！庖人雖不治庖，尸祝不越樽俎而代之矣。」(〈逍遙遊〉)
〔注釋：爝火，燭火。尸之，佔著君位。尸祝，主祭祀神主的人。〕

　　肩吾問於連叔曰：「吾聞言於接輿，大而無當，往而不返。吾驚怖其言，猶河漢而無極也；大有逕庭，不近人情焉。」連叔曰：「其言謂何哉？」曰：「藐姑射之山，有神人居焉，肌膚若冰雪，綽約若處子。不食五穀，吸風飲露。乘雲氣，御飛龍，而遊乎四海之外。其神凝，使物不疵癘而年穀熟。吾以是狂而不信也。」連叔曰：「然……之人也，物莫之傷，大浸稽天而不溺，大旱金石流土山焦而不熱。是其塵垢粃糠，將猶陶鑄堯舜者也，孰肯以物為事！（〈逍遙遊〉）
〔注釋：綽約，純美嫻靜。疵癘，病蟲害。稽，至。以物為事，以俗物為意。〕

　　惠子謂莊子曰：「吾有大樹，人謂之樗。其大本擁腫而不中繩墨，其小枝卷曲而不中規矩，立之塗匠者不顧。今子之言，大而無用，眾所同去也。」莊子曰：「……

今子有大樹，患其無用，何不樹之於無何
有之鄉，廣莫之野，彷徨乎無為其側，逍
遙乎寢臥其下？不夭斤斧，物無害者，無
所可用，安所困苦哉！」(〈逍遙遊〉)
〔注釋：大本，樹幹。擁腫，臃腫。彷徨，
徘徊。〕

至人神矣！大澤焚而不能熱，河漢沍
而不能寒，疾雷破山風振海而不能驚。若
然者，乘雲氣，騎日月，而遊乎四海之外。
死生無變於己，而況利害之端乎！(〈齊物
論〉)
〔注釋：沍，冰凍。端，末節。〕

古之真人，不知說生，不知惡死；其
出不訢，其入不距；翛然而往，翛然而來
而已矣。不忘其所始，不求其所終。受而
喜之，忘而復之。是之謂不以心捐道，不
以人助天。(〈大宗師〉)
〔注釋：說，喜悅。惡，厭棄。出，出生。

訢，欣喜。入，死亡。距，拒絕。儵然，忽然。忘，亡。揖，損害。〕

三、關於逍遙取徑細項的

顏回曰：「吾無以進矣，敢問其方。」仲尼曰：「齋，吾將語若……」顏回曰：「回之家貧，唯不飲酒不茹葷者數月矣，若此則可以為齋乎？」曰：「是祭祀之齋，非心齋也。」回曰：「敢問心齋。」仲尼曰：「若一志，無聽之以耳而聽之以心，無聽之以心而聽之以氣。聽止於耳（耳止於聽），心止於符。氣也者，虛而待物者也。唯道集虛。虛者，心齋也。」（〈人間世〉）

〔注釋：齋，齋戒。若，你。符，表面現象。〕

顏回曰：「回益矣。」仲尼曰：「何謂也？」曰：「回忘仁義矣。」曰：「可矣，猶未也。」他日，復見，曰：「回益矣。」曰：「何謂也？」曰：「回忘禮樂矣。」曰：「可矣，猶未也。」他日，復見，曰：「回益矣。」曰：「何謂也？」曰：「回坐忘矣。」

仲尼蹴然曰：「何謂坐忘？」顏回曰：「墮枝體，黜聰明，離形去知，同於大通，此謂坐忘。」仲尼曰：「同則無好也，化則無常也。而果其賢乎！丘也請從而後也。」（〈大宗師〉）
〔注釋：益，進益。墮，擺脫。枝體，肢體。黜，排除。大通，大道。無好，沒有私好。無常，沒有執著。〕

魯哀公問於仲尼曰：「衛有惡人焉，曰哀駘它。丈夫與之處者，思而不能去也；婦人見之，請於父母曰……是何人者也？」仲尼曰：「……是必才全而德不形者也。」……哀公異日以告閔子，曰：「始也，吾以南面而君天下，執民之紀而憂其死，吾自以為至通矣。今吾聞至人之言，恐吾無其實，輕用吾身，而亡其國。吾與孔丘，非君臣也，德友而已矣。」（〈德充符〉）
〔注釋：才全，存自然天性。德不形，所得不表現於外。紀，法紀。〕

　　南伯子綦遊乎商之丘，見大木焉有異，結駟千乘，隱將芘其所藾。子綦曰：「此何木也哉？此必有異材夫！」仰而視其細枝，則拳曲而不可以為棟梁；俯而視其大根，則軸解而不可以為棺槨……子綦曰：「此果不材之木也，以至於此其大也。嗟乎神人，以此不材！」宋有荊氏者，宜楸柏桑。其拱把而上者，求狙猴之杙者斬之；三圍四圍，求高名之麗者斬之；七圍八圍，貴人富商之家求樿傍者斬之。故未終其天年，而中道夭於斧斤，此材之患也。(〈人間世〉)
〔注釋：結駟千乘，四馬所駕大車千輛。芘，庇。藾，蔭。軸解，橫截由心裂至外。杙，木橛。高名，高大。麗，屋樑。樿傍，棺材。〕

　　南伯子葵問乎女偊曰：「子之年長矣，而色若孺子，何也？」曰：「吾聞道矣。」

南伯子葵曰：「道可得學邪？」曰：「惡！
惡可！子非其人也……（吾守之），參日而
後能外天下；已外天下矣，吾又守之，七
日而後能外物；已外物矣，吾又守之，九
日而後能外生；已外生矣，而後能朝徹；
朝徹，而後能見獨；見獨，而後能無古今；
無古今，而後能入於不死不生。殺生者不
死，生生者不生。其為物，無不將也，無
不迎也；無不毀也，無不成也。其名為攖
寧。攖寧者，攖而後成者也。」（〈大宗師〉）
〔注釋：朝徹，豁然開朗。見獨，獨特的
知見（見大道）。將，就（接近）。攖，擾
亂。寧，定靜。〕

以指喻指之非指，不若以非指喻指之
非指也；以馬喻馬之非馬，不若以非馬喻
馬之非馬也。天地一指也；萬物一馬也。
可乎可，不可乎不可。道行之而成，物謂
之而然。惡乎然？然於然。惡乎不然？不
然於不然。物固有所然，物固有所可。無

物不然，無物不可。故為是舉莛與楹、厲
與西施，恢恑憰怪，道通為一。(〈齊物論〉)
〔注釋：莛，草莖。楹，樑柱。厲，病癩
女。恢恑憰怪，幻怪詭異。〕

　　庖丁為文惠君解牛，手之所觸，肩之
所倚，足之所履，膝之所踦，砉然嚮然，
奏刀騞然，莫不中音。合於桑林之舞，乃
中經首之會。文惠君曰：「嘻，善哉！技蓋
至此乎？」庖丁釋刀對曰：「臣之所好者道
也，進乎技矣。始臣之解牛之時，所見無
非牛者。三年之後，未嘗見全牛也。方今
之時，臣以神遇而不以目視，官知止而神
欲行……」文惠君曰：「善哉！吾聞庖丁之
言，得養生焉。」(〈養生主〉)
〔注釋：踦，抵住。砉然，皮骨相離聲。
嚮，響。奏，進。騞然，刀割物聲。中音，
合於節奏。桑林，古舞樂名。舞，舞曲。
經首，古樂。會，旋律。嘻，讚嘆聲。蓋，
何以。〕

四、關於批判背反他家言論的

不侈於後世，不靡於萬物，不暉於數度，以繩墨自矯而備世之急，古之道術有在於是者。墨翟、禽滑釐聞其風而說之。為之大過，已之大順。(〈天下〉)
〔注釋：侈，奢侈。靡，浪費。暉，炫耀。數度，典章制度。繩墨，規矩。矯，勉勵。大，同太。已之大順，又太堅持己見。〕

不累於俗，不飾於物，不苟於人，不忮於眾，願天下之安寧以活民命，人我之養畢足而止，以此白心，古之道術有在於是者。宋鈃、尹文聞其風而說之……雖然，其為人太多，其自為太少。(〈天下〉)
〔注釋：累，係累。飾，矯飾。苟，苟且（或作苛）。忮，求。白，表白。〕

公而不黨，易而無私，決然無主，趣物而不兩，不顧於慮，不謀於知，於物無

擇，與之俱往，古之道術有在於是者。彭
蒙、田駢、慎到聞其風而說之……彭蒙、
田駢、慎到不知道。雖然，概乎皆嘗有聞
者也。(〈天下〉)
〔注釋：黨，偏黨。易，平易。主，主見。
趣，隨順。兩，分別。顧，起。慮，思慮。
謀，謀求。知，知識。概乎，大體。〕

　　以本為精，以物為粗，以有積為不足，
淡然獨與神明居，古之道術有在於是者。
關尹、老聃聞其風而說之……常寬容於物，
不削於人，可謂至極。(〈天下〉)
〔注釋：本，本原（道）。積，儲蓄。削，
侵削。可謂至極，雖然未達至極境界但已
稱得上是懂得大道了。〕

　　惠施多方，其書五車，其道舛駁，其
言也不中……桓團、公孫龍辯者之徒，飾
人之心，易人之意，能勝人之口，不能服
人之心，辯者之囿也。(〈天下〉)

〔注釋：方，方術。書，著述。舛駁，乖
違雜亂。不中，不合大道。飾，迷惑。易，
改變。囿，侷限。〕

【注釋】

1.司馬遷,《史記》(臺北:鼎文,1979年),
　頁 2143～2145。

2.郭慶藩,《莊子集釋》,《新編諸子集成三》
　(臺北:世界,1983年),頁 474～476。

3.同上,頁 292～293。

4.同上,頁 398～399。

5.同上,頁 266～267。

6.同上,頁 271。

7.同上,頁 460。

8.同上,頁 53～54。

9.同上,頁 267～268。

10.班固,《漢書》(臺北:鼎文,1979年),
　頁 1730。

11.陸德明,《經典釋文》(臺北:漢京,1980
　年);孔凡禮點校,《蘇軾文集》(北京:
　中華,1986年);姚際恆,《古今偽書考》
　(臺北:開明,1977年);王先謙,《莊
　子集解》,《新編諸子集成三》(臺北:
　世界,1983年);錢穆,《莊子纂箋》(臺

北：聯經，1998 年）；羅根澤，《諸子考索》（臺北：學生，1977 年）。

12.王弼，《老子道德經注》，《新編諸子集成三》（臺北：世界，1983 年），頁 26～27。

13.同上，頁 1～2。

14.同上，頁 6、28、2、46～47、10。

15.郭慶藩，《莊子集釋》，《新編諸子集成三》，頁 11。

16.同上，頁 55、293、475、60。

17.同上，頁 152、23～24。

18.同上，頁 25、67、114。

19.水渭松，《新譯莊子本義》（臺北：三民，2012 年）；黃錦鋐，《新譯莊子讀本》（臺北：三民，2016 年）；陳鼓應，《莊子今註今譯》（臺北：臺灣商務，2002 年）。

20.郭慶藩，《莊子集釋》，《新編諸子集成三》，頁 271、253。

21.同上，頁 217～218。

22.同上，頁 407。

23.同上，頁 408。

24.同上，頁 267。

25.同上，頁 301～302。

26.同上，頁 474～475。

27.同上，頁 409。

28.同上，頁 407。

29.傅偉勳，《從創造的詮釋學到大乘佛學 ——「哲學與宗教」四集》（臺北：東大，1990 年），頁 189～208。

30.周慶華，《新時代的宗教》（新北：揚智，1999 年），頁 185。

31.周慶華，《華語文文化教學》（新北：揚智，2012 年），頁 65～67。

32.宗寶編，《六祖大師法寶壇經》，《大正藏》（臺北：新文豐，1974 年），卷 48，頁 349 上。

33.孫奭，《孟子注疏》，《十三經注疏》（臺北：藝文，1982 年），頁 188、164。

34.司馬遷，《史記》，頁 46、487。

35. 胡適，《中國古代哲學史》（臺北：遠流，1986年）；馮友蘭，《中國哲學史》（香港：文蘭，1967年）；勞思光，《中國哲學史》（香港：友聯，1980年）；牟宗三，《才性與玄理》（臺北：學生，1985年）；余英時，《論天人之際：中國古代思想起源試探》（臺北：聯經，2014年）；葉蓓卿編，《「新子學」論集》（北京：學苑，2014年）；何乏筆主編，《跨文化漩渦中的莊子》（臺北：臺灣大學，2017年）；劉劍梅，《莊子的現代命運》（北京：商務，2012年）。

36. 郭慶藩，《莊子集釋》，《新編諸子集成三》，頁 463～464。

37. 郭蒂尼（Romano Guardini）著，林啟藩等譯，《信仰的生命》（臺北：聯經，1984年），頁 19～21。

38. 溫公頤編譯，《哲學概論》（臺北：臺灣商務，1983年），頁 116～117。

39. 曾仰如,《宗教哲學》(臺北:臺灣商務,1993 年),頁 280。

40. 郭慶藩,《莊子集釋》,《新編諸子集成三》,頁 320。

41. 同上,頁 27～29。

42. 湯一介主編,《中國宗教:過去與現在》(臺北:淑馨,1994 年),頁 260～263。

43. 郭慶藩,《莊子集釋》,《新編諸子集成三》,頁 111～112。

44. 同上,頁 242、393～394、182、324。

45. 同上,頁 326。

46. 王弼,《老子道德經注》,《新編諸子集成三》,頁 14。

47. 同上,頁 12。

48. 郭慶藩,《莊子集釋》,《新編諸子集成三》,頁 17。

49. 同上,頁 58。

50. 同上,頁 129。

51. 同上,頁 138。

52. 王弼,《老子道德經注》,《新編諸子集

成三》，頁 29、35、20～21。

53.邢昺，《論語注疏》，《十三經注疏》（臺北：藝文，1982 年），頁 55。

54.郭慶藩，《莊子集釋》，《新編諸子集成三》，頁 45～46。

55.同上，頁 15。

56.同上，頁 103～104。

57.王弼，《老子道德經注》，《新編諸子集成三》，頁 2。

58.同上，頁 7、35、28。

59.郭慶藩，《莊子集釋》，《新編諸子集成三》，頁 17。

60.同上，頁 343。

61.同上，頁 96。

62.同上，頁 416。

63.同上，19～20。

64.道元纂，《景德傳燈錄》，《大正藏》，卷51，頁 221 下。

65.普濟集，《五燈會元》，《卍續藏》（臺北：

新文豐，1977 年），卷 3，頁 9 上。

66. 郭慶藩，《莊子集釋》，《新編諸子集成三》，頁 35。

67. 同上，頁 146～147。

68. 同上，頁 274。

69. 同上，頁 83～85。

70. 邢昺，《論語注疏》，《十三經注疏》，頁 165。

71. 郭慶藩，《莊子集釋》，《新編諸子集成三》，頁 203。

72. 同上，頁 361～362。

73. 同上，頁 461～464。

74. 同上，頁 464～481。

75. 同上，頁 31。

76. 同上，頁 100～101。

77. 同上，頁 141～142。

78. 王弼，《老子道德經注》，《新編諸子集成三》，頁 1～2。

79. 郭慶藩，《莊子集釋》，《新編諸子集成三》，頁 27～32。

80.同上，頁 21～24。

81.同上，頁 32～33。

82.同上，頁 44～45。

83.同上，頁 47～49。

84.同上，頁 52。

85.周慶華，《語文符號學》（上海：東方，2011 年），頁 22～24。

86.荷曼斯（George C. Homans）著，楊念祖譯，《社會科學的本質》（臺北：桂冠，1987 年），頁 34～35。

87.郭慶藩，《莊子集釋》，《新編諸子集成三》，頁 229、146～147。

88.同上，頁 241、351。

89.同上，頁 388～389。

90.同上，頁 269。

91.同上，頁 304～305。

92.同上，頁 397。

93.同上，頁 364～365。

94.同上，頁 139。

95.徐鉉,《說文新附》,《說文解字》(北京：中華，1978 年)，頁 42。

96.郭 象,《莊 子 注》(北 京：中 華，2011 年)，頁 2。

97.郭 慶 藩,《莊 子 集 釋》,《新 編 諸 子 集 成 三》，頁 229～230、415。

98.同上，頁 415。

99.王 弼,《老 子 道 德 經 注》,《新 編 諸 子 集 成 三》，頁 1、12、14、18、20。

100.黃 宣 範,《語 言 哲 學———意 義 與 指 涉 理 論 的 研 究》(臺 北：文 鶴，1983 年)，頁 128～129。

101.同上，頁 136～137。

102.鳩 摩 羅 什 譯,《中 論》,《大 正 藏》，卷 30，頁 24 上。

103.裴 休 集,《宛 陵 錄》,《大 正 藏》，卷 48，頁 385 下。

104.楊 士 毅,《邏 輯 與 人 生———語 言 與 謬 誤》(臺 北：書 林，1994 年)，頁 133～134。

105. 柴熙，《認識論》（臺北：臺灣商務，1983 年）；趙雅博，《知識論》（臺北：幼獅，1990 年）；黃慶明，《知識論講義》（臺北：鵝湖，1991 年）。

106. 郭慶藩，《莊子集釋》，《新編諸子集成三》，頁 111～112、326、27。

107. 同上，頁 9～11。

108. 同上，頁 12～13。

109. 同上，頁 14～17。

110. 同上，頁 17。

111. 同上，頁 20～21。

112. 同上，頁 67～68。

113. 同上，頁 128～169。

114. 同上，頁 93～98。

115. 同上，頁 93～97。

116. 同上，頁 80～81。

117. 同上，頁 114～115。

118. 王弼，《老子道德經注》，《新編諸子集成三》，頁 29。

119. 郭慶藩，《莊子集釋》，《新編諸子集成三》，頁 33～34。

120. 同上，頁 55～58。

121. 同上，頁 56。

122. 同上，頁 316。

123. 同上，頁 134～138。

124. 索緒爾（Ferdinand de Saussure）著，高名凱譯，《普通語言學教程》（北京：商務，1980 年），頁 41。

125. 玄契編，《曹山本寂禪師語錄》，《大正藏》，卷 47，頁 537 上。

126. 道元纂，《景德傳燈錄》，《大正藏》，卷 51，頁 240 下。

127. 同上，頁 364 上。

128. 孔穎達等，《周易正義》，《十三經注疏》，頁 62。

129. 劉向，《說苑》，《增訂漢魏叢書三》（臺北：大化，1988 年），頁 1913。

130. 李善等，《增補六臣注文選》（臺北：華正，1979 年），頁 866。

131.同上，頁 355。

132.英格利斯（Fred Inglis）著，韓啓羣等譯，《文化》（南京：南京大學，2008 年）；李威斯（Jeff Lewis）著，邱誌勇等譯，《文化研究的基礎》（臺北：韋伯，2005 年）；巴克（Chris Barker）著，羅世宏等譯，《文化研究———理論與實踐》（臺北：五南，2004 年）；考夫（Richard Caves）著，仲曉鈴等譯，《文化創意產業———以契約達成藝術與商業的媒合》（臺北：典藏，2007 年）。

133.沈清松，《解除世界魔咒———科技對文化的衝擊與展望》（臺北：時報，1986 年），頁 24～29。

134.周慶華，《華語文文化教學》，頁 67。

135.同上，頁 34。

136.同上，頁 73。

137.張灝，《幽暗意識與民主傳統》（臺北：聯經，1989 年），頁 9～10。

138. 曾仰如，《形上學》（臺北：商務，1987年），頁 66～67。

139. 勞思光，《中國哲學史（第二卷）》，頁192。

140. 周慶華，《華語文文化教學》，頁 74～77。

141. 雷夫金（Jeremy Rifkin）著，蔡伸章譯，《能趨疲：新世界觀———二十一世紀人類文明的新曙光》（臺北：志文，1988年）；赫斯基（Bradley K. Hawkins）著，陳乃綺譯，《佛教的世界》（臺北：貓頭鷹，1999年）；賈許（Gary Gach）著，方怡蓉譯，《佛教一本通》（臺北：橡樹林，2006年）。

142. 道元纂，《景德傳燈錄》，《大正藏》，卷51，頁 219上。

143. 周慶華，《走上學術這條不歸路》（新北：生智，2016年），頁 62～64。

144. 郭慶藩，《莊子集釋》，《新編諸子集成三》，頁 39、86～87。

145.同上，頁 171。

146.同上，頁 304～305。

147.邢昺，《論語注疏》,《十三經注疏》,頁 72。

148.孫奭,《孟子注疏》,《十三經注疏》,頁 244。

149.孔穎達等,《禮記正義》,《十三經注疏》,頁 879。

150.同上，頁 413。

151.周慶華,《華語文文化教學》,頁 77～78。

152.劉向,《列仙傳》,《諸子百家叢書 11 冊》（上海：上海古籍，1990 年）；葛洪,《神仙傳》,《諸子百家叢書 11 冊》（上海：上海古籍，1990 年）；沈汾,《續仙傳》,《四庫全書珍本 158 冊》（臺北：臺灣商務，1981 年）；杜光庭,《墉城集仙錄》,《中國神仙傳記文獻初編》（臺北：捷幼，1992 年）；曾慥,《集

仙傳》,《百部叢書集成 13 冊》(臺北：藝文，1968 年)。

153.司馬談,〈論六家之要旨〉,《史記》,頁 3289。

154.班固,《漢書》(臺北：鼎文，1979 年),頁 1728。

155.邢昺,《論語注疏》,《十三經注疏》,頁 31、100。

156.朱光潛,《西方美學史》(臺北：漢京，1982 年);劉昌元,《西方美學導論》(臺北：聯經，1987 年);姚一葦,《審美三論》(臺北：開明，1993 年)。

157.郭慶藩,《莊子集釋》,《新編諸子集成三》,頁 34。

158.俞劍華編,《中國畫論叢編》(臺北：華正，1984 年),頁 659。

159.同上，頁 99。

160.同上，頁 187。

161.同上，頁 890。

162.同上，頁 98。

163.同上，頁 687。

164.劉若愚著，杜國清譯，《中國詩學》（臺北：幼獅，1985 年）；錢鍾書，《談藝錄》（臺北：藍燈，1987 年）；宗白華，《美學的散步》（臺北：洪範，1987 年）；徐復觀，《中國藝術精神》（臺北：學生，1974 年）。

165.周慶華，《文化治療》（臺北：五南，2012 年），頁 141。

166.馬特拉（Armand Mattelart）著，繆詠華等譯，《文化多元性與全球化》（臺北：麥田，2011 年），頁 97。

167.李柏（Stephen Leep）著，林錦慧等譯，《石油玩完了》（臺北：時報，2009 年）；麥奇本（Bill McKibben）著，曾育慧譯，《地球·地球：如何在質變的地球上生存？》（臺北：高寶國際，2011 年）；巴洛（Maude Barlow）、克拉克（Tony Clarke）著，張岳等譯，《水資源戰爭：

揭露跨國企業壟斷世界水資源的真實內幕》（臺北：高寶國際，2011 年）；盧米斯（Erik Loomis）著，陳義仁譯，《外包災難：揭穿大剝削時代商品與服務背後的真相，透視資本詭計的高CP 值迷思》（臺北：漫遊者，2017 年）；包曼（Zygmunt Bauman）著，谷蕾等譯，《廢棄社會：過剩消費、無用人口，我們都將淪為現代化的報廢物》（臺北：麥田，2018 年）。

168. 安德生（Ray C. Anderson）著，鄭益明譯，《綠色資本家：一個可永續企業的實踐典範》（臺北：新自然主義，2006年）；高曼（Daniel Goleman）著，張美惠譯，《綠色 EQ》（臺北：時報，2010年）；瓊斯（Van Jones）著，鄭詠澤等譯，《綠領經濟：下一波景氣大復甦的新動力》（新北：野人，2010 年）；唐斯（Larry Downes）、努恩斯（Paul Nunes）著，羅耀宗譯，《大爆炸式創

新：在更好、更便宜的世界中成功競爭！》（臺北：遠見天下，2015 年）。

169.封‧笙堡（A. von Schönburg）著，闕旭玲譯，《窮得有品味———沒錢也能搞格調，再窮也要扮高雅》（臺北：商周，2008 年），頁 21。

170.周慶華，《解脫的智慧》（臺北：華志，2017 年），頁 164～168；《跟君子有約：在全球化風險中找出路》（臺北：華志，2020 年），頁 202～217。

國家圖書館出版品預行編目資料

<<莊子>>一次看透 / 周慶華著. -- 初
版. -- 臺北市：華志文化, 2020.11
面；　公分. -- (典籍新讀 01)
ISBN 978-986-99130-9-6(平裝)
1. 莊子 2. 研究考訂
121.337　　　　　109015914

華志文化事業有限公司
系列／典籍新讀01
書名／《莊子》一次看透

作　　者　周慶華
執　行　編　楊雅婷
美　術　編　簡煜哲
封　面　設　計　王志強
文　字　校　對　陳欣欣
企　劃　執　行　康敏才
總　　編　　輯　黃志中
社　　　　長　楊凱翔
出　版　者　華志文化事業有限公司
電　子　信　箱　huachihbook@yahoo.com.tw
地　　　址　116台北市文山區興隆路四段九十六巷三弄六號四樓
電　　　話　0937075060

總　經　銷　商　旭昇圖書有限公司
地　　　址　235新北市中和區中山路二段三五二號二樓
電　　　話　02-22451480
傳　　　真　02-22451479
郵　政　劃　撥　戶名：旭昇圖書有限公司（帳號：12935041）
書　　　號　G501
出　版　日　期　西元二〇二〇年十一月初版第一刷

PRINT IN TAIWAN

華志文化

華志文化